文明的本能

金秋 ◎ 著

THE
INSTINCT
OF
CIVILIZATION

中国出版集团
中译出版社

图书在版编目（CIP）数据

文明的本能 / 金秋著 .—北京：中译出版社，2024.1

ISBN 978-7-5001-7732-6

Ⅰ.①文… Ⅱ.①金… Ⅲ.①哲学—基本知识 Ⅳ.①B

中国国家版本馆CIP数据核字（2024）第042261号

文明的本能
WENMING DE BENNENG

出版发行 / 中译出版社
地　　址 / 北京市西城区新街口外大街28号普天德胜大厦主楼4层
电　　话 /（010）68359827（发行部）　（010）68003527（编辑部）
邮　　编 / 100088
传　　真 /（010）68358718
电子邮箱 / book@ctph.com.cn
网　　址 / http://www.ctph.com.cn
责任编辑 / 王滢
封面设计 / 华夏长鸿
印　　刷 / 三河市国英印务有限公司
经　　销 / 新华书店
规　　格 / 787 mm×1092 mm　1/16
印　　张 / 14.5
字　　数 / 238千字
版　　次 / 2024年1月第1版
印　　次 / 2024年1月第1次

ISBN 978-7-5001-7732-6　　定价：59.00元

版权所有　侵权必究

中译出版社

目 录

第一章 我们是谁? 001
  一、人的自然属性 003
  二、人的社会属性 004
  三、人的精神属性 005
  四、人与一般动物的区别 006
  五、以能力作为判断标准来区分人与动物的缺陷 012
  六、人与动物的其他区别 013

第二章 我们从哪里来? 017
  一、人类进化的学说 019
  二、基因交流 026
  三、生殖隔离 028
  四、共性与差异 029
  五、家养动物的进化 030
  六、动物的性选择 032
  七、人类大脑的进化 034
  八、人类牙齿与进化 036
  九、人类寿命的进化 037

十、进化策略 042
  十一、地球生命不同阶段的进化速度 044

第三章 本　能 047
  一、遗传、本能与潜意识 049
  二、本能的唤醒 053
  三、人类某些本能的表现 055

第四章 我们的灵魂从哪里来？ 061
  一、意识 063
  二、思维 065
  三、思维逻辑 067
  四、冥想 069
  五、视觉图像与心理图像 071
  六、读心术 073
  七、自我意识 076
  八、动物的自我意识与测试 078
  九、单重自我意识与多重自我意识 080
  十、羞耻意识 082
  十一、害羞意识 084
  十二、性羞耻 085
  十三、羞耻与文明 087
  十四、梦境记忆与儿童心理 088
  十五、学习意识 090

第五章　服装动机 093
一、身体保护说 095
二、气候适应说 097
三、美化装饰说 098
四、吸引异性说 099
五、宗教信仰说 100
六、羞耻说 101

第六章　毛　发 103
一、穿衣说 105
二、性选择说 106
三、水猿说 107
四、防虫说 109
五、狩猎说 110
六、人类其他毛发的作用 113

第七章　审美与艺术 121
一、美的现象 123
二、定义的困难 125
三、功利 126
四、审美动机 128
五、美的定义 129
六、审美的哲学 130
七、审美对象举例 133
八、艺术与审美 134
九、艺术动机 136
十、艺术与智商 138

十一、音乐的本能ﾠ...140

　　十二、舞蹈的本能ﾠ...141

　　十三、裸体艺术的美与丑ﾠ..143

　　十四、裸体艺术中的女多男少现象ﾠ...144

　　十五、科学的审美与艺术ﾠ..145

第八章　时尚的哲学　147

　　一、时尚现象ﾠ...149

　　二、时尚的表现形式ﾠ...152

　　三、时尚与风俗ﾠ...153

　　四、时尚的专业定位ﾠ...154

　　五、时尚动机ﾠ...156

　　六、大众化与个性化ﾠ...158

　　七、服装与时尚ﾠ...160

　　八、时尚与社会阶层ﾠ...161

　　九、餐饮时尚ﾠ...164

　　十、称谓时尚ﾠ...166

　　十一、时尚的男女差异ﾠ...168

　　十二、舞台服装时尚与商业服装时尚ﾠ..170

　　十三、时尚周期ﾠ...172

　　十四、回归自然时尚ﾠ...173

第九章　文明的本能　175

　　一、文明的起源ﾠ...177

　　二、基因传承与文化传承ﾠ..183

　　三、好奇与冒险ﾠ...186

　　四、利己主义与利他主义ﾠ..188

五、信仰的本能ㆍㆍ191

　　六、良知的本能ㆍㆍ196

　　七、爱情的本能ㆍㆍ198

　　八、理想的本能ㆍㆍ200

　　九、文明的本能ㆍㆍ202

第十章　我们向何处去? ㆍㆍㆍ207

　　一、杞人忧天ㆍㆍ209

　　二、决定论与进化论ㆍㆍㆍ213

　　三、人类的未来之路ㆍㆍ216

　　四、文明等级的划分ㆍㆍ218

　　五、进化的尽头ㆍㆍ221

第一章

我们是谁？

"我们是谁?"

"我们是人。"人们会不假思索地回答。人的本质是什么?怎样才能算作人?这又是千百年来人们普遍思考的问题。人们以不同的视角观察人,从不同的角度解释人。在人们的一般意识里,人是特殊的生命体。"人",不仅仅是一个名称,更是包含了人的本质特征的存在。不仅包含人的各种生物学性状,更包含了人的自我认知。

一、人的自然属性

从生物学的角度说，人就是地球上很普通的生物之一。在生物学上，人与其他生物相比并没有特别之处。自然界的每一个物种都有自己的分类，人与其他物种一样，也有属于自己的生物学分类，即真核域——动物界——后生动物亚界——后口动物总门——脊索动物门——脊椎动物亚门——羊膜总纲——哺乳纲——兽亚纲——真兽次亚纲——灵长目——真灵长半目——直鼻猴亚目——人猿次目——狭鼻下目——真狭鼻小目——人猿超科——人科——人亚科——人族——人属——人亚属——智人种。与自然界的一切生命一样，人的一生都被基因所控制，都遵循着生老病死的自然规律。

"天地不仁，以万物为刍狗；圣人不仁，以百姓为刍狗。"（出自老子《道德经》的第五章。）"刍狗"指祭祀用的草扎的狗，祭祀用完就被扔一边再无人过问，无足轻重。"不仁"指不关心，麻木不仁。因此这句话的意思是：自然界对待万事万物就像对刍狗一样，漠不关心，麻木不仁；在君王眼中百姓都是一样的，没有谁是特别的。将人看作自然界的一般生命，是道家的基本思想，生物学也将人看作普通生命，是自然界的一个物种。

二、人的社会属性

　　人是自然人，更是社会人。人类的各种特征，更多反映在人的社会活动上，反映在人的文明特征上。脱离了社会，人的本质特征将难以体现，人类的进步与各项成果将难以呈现。脱离了社会，人类不会出现语言、文字，不会产生羞耻意识，不会出现宗教、哲学、科学等人类文明的一切成果。

　　人类之所以与动物存在本质的不同，就是因为人具有社会属性。"人是一切社会关系的总和"，这是马克思的著名观点。人与动物的不同，并不在于人的自然属性，而在于人的社会属性。人的自然属性只是人作为生命的存在形式，而人的社会属性才是人作为人的本质的存在形式。处于社会中的人，其各种活动都必须在社会规范下进行，而不是完全按照自然属性人的本能方式进行。

三、人的精神属性

　　人是有思想的动物，思想意识是人的主要特征。人的精神属性是人的文化属性的基础，人的精神活动使人类与动物存在本质不同——人的内心有丰富的情感，人比动物拥有更多的内心情感和面部表情的表露。动物的表情只包括愤怒和常态，表现欢快只能是其他的肢体动作。令人类细思极恐的，不是动物向你咆哮，而是动物向你微笑。如果你的宠物向你点头微笑，你定会毛骨悚然，你会怀疑动物读懂了你的内心，你会怀疑动物有了思想，你会没有安全感。有人也会将动物的某些行为特征看作动物的思想活动，将动物之间的默契及动物与人的默契看作动物与动物、动物与人的心灵沟通。然而，通过仔细观察与分析，动物的思想活动与心灵沟通多半都是人将动物的心理进行了拟人化的想象，将人对动物的了解想象成人与动物的心灵沟通。该部分内容详见"第四章 我们的灵魂从哪里来"。

　　人的肉体不存在人性的特别特征，人的肉体只是精神活动的载体。人性的定义与范畴虽然存在不同的观点与解释，但不可否认的是，人性属于人的精神活动范畴。

　　精神的存在，使人成为理性动物。人类有羞耻意识、审美意识、真伪意识、是非意识、价值评判等一系列人的精神活动，从而产生各种人类特有的思想意识。人类文明的产物，包括宗教、哲学、科技、文化及一切社会活动，无一不是人类精神活动的产物。

四、人与一般动物的区别

人对自己有着朴素的认知，人就是人。人是高于其他生命的高级动物，其他动物不可能与人相提并论。

如果仅仅从形态外观来定义人，那么人与自然界的其他动物相比并没有本质区别。没有思想、没有灵魂的人形躯体，并不能算作人，只能算作行尸走肉。经过训练，鹦鹉学舌、小狗识字、猩猩识数也不能算作人的行为。即使黑猩猩有简单的社会结构，会使用甚至制造工具，也不能与人同日而语。

不能简单地以外形来区别人与动物，人们以能力和意识的不同，来区分人与一般动物，如工具，智力、自我意识、语言、文字等。在这些方面，人类的确与动物有很大的不同。用现代意义的人去与其他动物做比较，现代人与动物的差距越来越大，很多方面完全没有可比性。如果我们反过来问，某些能力弱的甚至缺少其中某几项能力的就不能算作人吗？

人类的进化是一个历史过程，而不是突然产生的，人的外形特征也是逐步形成的，人的各种能力也是逐步获得的。从时间上往前推，今天的人类是人类，几千年前的人类也是人类，那么几万年前的人类能算是真正意义上的人类吗？

北京猿人距今约 70~23 万年，我们称其为猿人，不是真正意义的人类。

山顶洞人距今约 1.8 万年，根据一般表述，称其为旧石器时代晚期的人类。我们不知道将山顶洞人归为人类的依据是什么，是因为他们的身体结构已经非常接近现代人，还是出土的物品中包含了骨角器和穿孔饰物等更接近现代的器物？尽管将山顶洞人定义为人类不存在什么争议，但如果将山顶洞人称为猿人也不会使人惊讶。因为所有对山顶洞人的描述都是"非常接近现代人"，也就是说山顶洞人仍然不是真正意义上的现代人类。

河姆渡遗址距今约 7000~5000 年，属于早期新石器时代。对河姆渡人，没有人会怀疑他们不属于现代人类。评判的标准是什么？似乎并没有哪一个关键证据能单独证明河姆渡人不属于现代人类，评判标准比较综合。因为河姆渡遗址中出土了包括石器、玉器、陶器、骨器、木器，以及耜、镞、凿、针、匕等器物，这些器物足够丰富，足够精致，有些器物甚至现代人还在使用，如耜、镞、凿、针、匕等，并且从时间上看，似乎没有理由不承认他们是真正意义上的人类了。

我们可以就人类的特点给出很多例子，但大多数例子都比较综合，比较模糊。人们很难用单一的标准去区分人与其他动物的不同。我们不能用信息时代、电气时代、工业革命以来的人类成果与动物比较，也不能用铁器时代、青铜器时代的人类成果与动物比较，甚至用石器时代的人类成果去比较也会存在争议。因为拥有这些现代成果的人群是人类，未曾拥有这些现代成果的原始部落也是人类。

（一）使用工具

使用工具是人类明显的特征。如果没有工具，人的行为效果就会大大降低。人的所有外在能力几乎都是借助工具体现的，人的各项活动几乎都是借助工具完成的。人的肉体就是简单工具的载体，复杂工具也是人的肢体及器官的延伸。没有工具，人甚至连一只猫、一只老鼠都难以对付。

但是，使用工具并不是人类所独有的特征。黑猩猩会用树枝掏白蚁，南美卷尾猴会用石头砸开坚果，海獭会用石头敲开贝壳……动物的工具虽然简单，但再简单也算是工具。当然，有观点认为，人不仅仅会使用工具，还会制造工具，如早期石器是打制工具，晚期出现了磨制工具，磨制工具通常比打制工具更精致。

我们通过观察石器工具发现，大多数石器都拥有刃口，应该主要用于切割猎物。在没有现代工具的情况下，猎手们首先使用的是长矛和标枪，而不是石头。用石头做狩猎工具只能使皮糙肉厚的猎物受到不痛不痒的皮外伤，而长矛和标枪才能使猎物受到穿透性的伤害，这远比表皮伤害更致命，所以对于狩猎，长矛和标枪显然比石头更有效。长矛和标枪可以是同一个器物，拿在手里直接使用时是长矛，扔出去时就是标枪。而原始的长矛和标枪的主体只能是木质材料，可以包括树木、竹木、藤木等。即使是切割猎物，木器或骨器的切割效率也并不比石器低，而且木器或骨器比石器更容易抓握，木器和骨器也很容易获得。

我们观察黑猩猩的行为就会发现，黑猩猩可以用石头敲打坚果，也会用木头敲打坚果，而黑猩猩掏蚁穴只会用树枝而不会用石头。有的黑猩猩还会把树枝当作矛来捕猎疣猴。它们通过观察，选择合适的树枝，并用牙齿修理树枝一头，使之形成尖状或铲状。这样的行为已经很接近原始部落人群的捕猎行为了。所以，以使用工具甚至是制造工具作为人与动物的划分标准，始终存在争议。黑猩猩可以同时使用石头和木头作为工具，比黑猩猩进化得更好的人类祖先，应该也是同时使用石器和木器。拥有共同祖先的不同物种，如果它们有某些共同的特征，一般可以认为这些共同的特征，是从它们的共同祖先那里继承来的。古人类与黑猩猩一样，都会使用石器，使用木器。这说明使用石器和木器是人类与黑猩猩从其共同祖先那里继承下来的技能。石器和木器并不是人类独有的工具，使用它们是人类与黑猩猩的共同专利。

一般动物利用自己的尖牙和利爪来达到自己的目的，这是直接的行为。南美卷尾猴和海獭会用石头敲坚果和贝壳，这是利用简单工具间接达到目的的行为，因为石头不是卷尾猴和海獭的直接目标，坚果肉和贝肉才是最终目标。黑猩猩用自己的牙齿修理矛，使矛变得尖锐是第一层目标，用尖锐的矛狩猎疣猴才是最终目标。也就是说，黑猩猩使用工具，比南美卷尾猴和海獭多了一级间接目标。人类祖先使用的石器是打制石器，用于敲打的石头是第一级工具，其目的是使被打击的另一块石头成为真正的切割工具。这看上去与黑猩猩用牙齿修理矛尖的逻辑差不多，但黑猩猩的牙齿与其他动物的爪牙一样，都是自己身体的一部分，不是工具。而人类祖先使用的打击石头是独立的打击工具，产生的另一个带有刃口的石头才是真正需要的切割工具。这就类似于人类后来制作刀具的过程一样，右手举起的锤子是打击工具，左手控制的金属块是最终成为切割工具的刀具。也就是说，人类祖先包括现代人类，是利用工具制造工具，这显然又比黑猩猩多了一级间接目标。

从这个意义上说，人与动物的区别并不是使用工具，也不是制造工具，而是利用工具制造工具。工具不同层级的使用是想象力不同维度的表现。南美卷尾猴和海獭的想象力比狮子和猎豹高出一个维度，黑猩猩的想象力比南美卷尾猴和海獭高出一个维度，石器时代人类的想象力比黑猩猩又高出一个维度。

（二）具有智力

不可否认，人可以称为智慧生命。地球上，就我们目前认知的生物，除了人，没有任何其他生命可以称为智慧生命。尽管动物的智力远不如人类，但动物也是有智力的。在洞察能力测验方面，有人用迂回途径实验检测动物的智力。实验结果显示，各种被测试动物，如鸡、狗和黑猩猩等，都会通过各自的尝试和判断，绕过障碍取到自己的食物，这说明动物也是有智力的。

有人认为狗是高智商动物，认为狗的智商可以达到人类 3 岁儿童的智商。我们不知道这个结论是如何得出的。的确，聪明的狗在很多情况下，可以听懂主人的话，理解主人表达的意思，这些对主人意图的理解也许可以达到人类 3 岁儿童的水平。但 3 岁儿童不但能理解大人语言的意思，同时也能将自己的内心表达给大人。而狗的种种内心意图，主人只能通过长期的行为观察，进行猜测。其实人类 1 岁左右的幼儿，尽管还不会说话，但他们已经会用肢体语言表达内心。例如他们想要什么就会用手指向什么，想出去玩儿就用手指向门口，想吃什么东西就会用手指向那个食物。他们甚至会用点头或摇头表示同意或不同意，用微笑表示对大人话语的理解。而这一切都是狗无法表达的，如果你问狗想不想吃香肠，狗最多是看着主人的香肠，当主人将香肠放到地上，狗才会做出奔向香肠的动作。如果主人问狗想不想吃香肠，狗点头或摇头，主人立刻会毛骨悚然，心想：我的宠物狗到底是妖还是精啊？因为所有狗对事物只能作出直接的反应，无法作出间接的反应。直接向食物奔去是想吃那个食物，或直接向门口处奔去是想出去放风等，这些都是内心的直接反应。而点头或摇头则是选择的间接反应，如果不知道问题的前提，就不会知道点头和摇头的确切含义。而狗奔向食物和奔向门口，都是狗的直接意图，不需要前提条件就可以理解。同样是信息交流，表达信息的智力条件远高于接受信息的智力条件。所以从表达内心方面看，成年狗的智力也达不到人类 1 岁幼儿的智力。

（三）自我意识

人类具有明显的自我意识，自我意识甚至可能是人类文明的基础。然而有观点认为，有些动物也是有自我意识的，有人用镜子测试动物的自我意识，结果发现红毛猩猩、倭黑猩猩、海豚、虎鲸、部分大象、鸽子、喜鹊等知道镜子里就是自己，这说明人类并不是唯一具有自我意识的动物，有些动物也是有自我意识的。但对于镜子测试是否可以作为动物自我意识存在的依据，是需要商榷的，详见"第四章 我们的灵魂从哪里来"。

也许自我意识的确是人类所独有的，然而意识具有封闭性，没有语言和文字、不会绘图和使用肢体语言的不同个体，很难判断观察对象的真实思想，也很难直接判断其是否存在自我意识。对于无法心灵沟通的人与动物，只能用其他可见的形式，判断二者的本质区别。在不能确切知道动物是否存在自我意识的情况下，很难将自我意识作为人与动物的区分标准。

（四）语言表达

俗话说："人有人言，兽有兽语。"动物可以通过叫声表达愉悦、愤怒、警告等信息。虽然动物的叫声所表达的意思远不如人类丰富，但我们不能认为，音质音调简单就不是语言。我们人类听不懂动物所表达的意思，于是把动物的语言称为叫声。从物理学角度看，人类语言是人类发出的声波信息，动物的叫声也是动物发出的声波信息。其实我们人类也有很多种不同的语言，难以做到都能听懂其他国家或种族的语言。我们不能因为听不懂其他语言，就说那些语言是其他人的叫声吧？

不可否认的是，人类的语言远比动物的丰富复杂，这不仅反映在人类语言的丰富性上，更反映在语言的逻辑性上，反映在人类语言的抽象表达上。例如人们可以说，"我认为小狗可以睡床上，大狗应该睡地上"。而在狗的意识里并不存在大狗或小狗的分类，它们只知道自己的名字，叫到谁的名字，谁就会有反应，它们也没有"认为""应该"等概念。我们可以听到动物的不同叫声，也可以从不同叫声判断出它们想要表达的不同含义。但动物叫声表达的信息是彼此孤立的，无法找到各种信息之间的逻辑关系。人类语言的逻辑性与抽象性，反映出人类的语言处于动物叫声的更高维度上。

（五）文字记录

到目前为止，科研人员只发现人类使用文字。文字是信息的交流工具，更是信息的记录载体。文字与语言不同，语言信息是瞬间传递、瞬间消失的。文字可以通过不同的载体，把信息保留下来。当然，现代技术甚至也可以把过去的瞬间信息，如语音、影像等保存下来。在没有现代记录工具以前，文字、绘画是重要的信息记录方式。

所有动物的大脑都是信息记录的载体，我们把大脑对信息的储存称为记忆。动物的脑容量有限，能够记录的信息较少。人类的大脑发达，能够记录更多的信息。但人类的大脑还是无法满足希望记录更多信息的要求，而文字、绘画代替人类大脑，大大扩展了人类对信息的记忆。同时，文字、绘画所记录的信息不会因个人的消亡而丢失。

人类拥有文字的历史不过几千年，几千年前没有文字的人类先民就不算人类吗？即使在现代，也不是所有人群都有文字，有些原始部落至今也没有文字。辉煌的印加文明，一直也没有发现文字的痕迹。高度艺术性、冶金技术高度发达的三星堆遗址，有人猜测可能是古蜀国的遗迹，而文字的缺失给考古工作带来了一定的难度。

使用文字不是人类一直以来都拥有的特征，也不是现代人类所有人群都具有的特征。文字是人类进入高度文明的产物，就像我们不能把是否拥有航天科技作为人与动物的区分标准一样，以是否拥有文字作为区分人与动物的标准，是不合适的。

五、以能力作为判断标准来区分人与动物的缺陷

我们不能把人类高于其他动物的能力称为能力，而其他动物高于人类的能力就视而不见。人听不见超声波，而蝙蝠则可以用超声波精确定位物体；人看不见紫外线，蜜蜂则能够通过紫外线看见人类看不见的东西；狗能够闻到人闻不到的气味；猫头鹰在夜晚能够看见人看不见的老鼠；地震发生前，大多数动物都可以提前感知，提前逃之夭夭，只有人类直到地震发生时才知道大祸临头。即使人类现在拥有先进的地震监测仪器，至少到目前为止，这些地震监测仪器还都是事后诸葛亮，并不能像动物那样提前感知地震。即使是思维能力也并非人类独有，狮群狩猎也知道采用迂回的战术，也知道包抄。狼群追击猎物，也知道接力，也知道把猎物往绝路上赶。

进入近代以前，虎豹豺狼一直是人类恐惧的天敌。我们是不是可以这样说，进入现代以前，许多动物的综合能力是强于人类的？人类拥有现代精密探测仪器的历史不过几百年，在这之前人类对很多自然信息的探知能力远不如动物。人类难以理解动物的先知先觉，认为这是动物的灵性。

人类与动物各有所长，能力并不能作为区分人与动物的唯一标准。那么还有哪些特征可以作为人与动物的本质区别呢？

六、人与动物的其他区别

（一）体毛

　　人类的确存在自己所特有的能力表现。人类与动物在毛发方面的差异是非常明显的，这不仅是视觉上的巨大差异，也许就是本质上的差异。"科学家们认为，皮肤无毛，是人之所以成为一个具有创造才能的社会人的最后一个生理条件。"（《服装学概论》，李当岐 编著）人属于哺乳动物，在陆地哺乳动物中只有人类是没有体毛的。用体毛作为动物与人类的区分标准是不是有些牵强？这就要看在人类进化与文明发展过程中，体毛的生长情况及所起作用。从进化的过程看，越接近现代，人类体毛褪得越干净。这说明体毛的多少可以反映人类的进化程度。从体毛褪去与服装发展来看，体毛与服装存在着非常紧密的因果关系，而服装的发展又与人类文明的发展存在着紧密的因果关系。

　　当然，人类的体毛并没有完全褪干净，除体表毛发之外，人体还存在腋毛、性部位毛发等有争议的毛发。有关人体毛发对人类进化、文明发展的具体作用与影响的内容，我将在"第五章 服装动机"以及"第六章 毛发"部分详细阐述。

（二）羞耻意识

　　以上各种差异体现在人类与动物的能力和外观方面，羞耻意识是心理方面的反映，是看不见摸不着的心理现象，只有自己才能感知到。我们不知道动物是否有羞耻意识，但通过观察可以发现，动物都没有遮羞行为，遮羞是人类所特有的行为。与能力不同，动物所有的身体结构和行为表现都是为了生存，而人类的遮羞行为并不是为了生存。人类以外的所有动物都没有羞耻心，但并不影响它们的生存和繁衍。人类独有的羞耻意识并不是生存的需要，而是人类独有的心理需要，这也许就是人类与其他动物最重要的区别。

（三）服装

如果说还有什么是人类与动物之间可见的重要区别，那就是衣服。在所有动物中，只有人类是穿衣服的。尽管人类的衣服多种多样，寒冷地区可以穿裘皮大氅，炎热地区原始部落的衣服可能仅仅只是一块遮羞布，但我们至今还没有发现完全不穿衣服的人类族群。可能有人会认为，是否穿衣服是由能力决定的，动物没有能力获得衣服，哪怕是一块遮羞布，所以是否穿衣服只是表象，并不是问题的本质。黑猩猩会使用工具，甚至会制造简单工具，它们获得动物皮毛、植物蒿草等可用于遮挡的东西并不困难，然而黑猩猩却没有遮羞的意识与行为。

所以，衣服是人类与动物可见的区分标志。穿衣不仅是行为的外在表现，更是意识的内在驱使。详见"第五章 服装动机"的解析。

（四）文明

人类与动物的确存在很大差别，陆地动物全身长满毛发或鳞甲，人类全身既无毛发也无鳞甲；动物四脚爬行，人类双腿直立行走；动物不知道羞耻，人类首先需要遮羞，然后才会装饰；动物只在意物质，人类更在意精神；动物拼蛮力，人类比智慧……

工具使用、智力水平、自我意识、语言文字等，人类与动物的确存在巨大差异，但动物的生活中或多或少还是能够找到这些能力的影子。有些能力放在动物身上甚至很牵强，但根据逻辑延伸，仍然可以"牵强附会"。

然而，至今我们一直无法找到动物文明的例证，也无法从动物的行为中引申出文明的含义。体毛、羞耻意识、服装、文明，可能参与构成了人类通向文明的进化路线。

某些动物的行为被人赞赏，如忠诚的狗会救主人、大象会救助同类、动物出于母爱可以为幼崽奋不顾身等。但将动物的这些行为与文明相联系，很难被认同。动物的这些"善举"只是出自本能，并不受文明意识的支配，人们仅仅是用自己的文明意识，把动物符合人类认知中的"善举"想象成文明的行为。也就是说，动物并没有文明的意识，只有符合人类文明眼光的本能行为。

文明意识是人类与动物的关键区别。在文明意识中，羞耻意识是文明的底线意识，很难想象一个没有羞耻意识的人能够与文明相提并论。只有处于蒙昧状态的远古人类、现代人类中心智未开的孩童没有羞耻意识。人们一般都会鄙视不知羞耻的人或行为，羞耻意识也是人的文明底线。羞耻是文明的内在意识形式，穿衣是文明的外在表现形式。文明是人类所独有的特征，人类是文明的物种。

第二章

我们从哪里来？

我们来自哪里？

这是人类脱离蒙昧、意识觉醒以来一直思考的问题。每个孩子有了自我意识以后，几乎都会问：我是从哪里来的？作为孩子的长辈一般都会回答，你是爸爸妈妈生的。如果孩子继续问：爸爸妈妈是从哪里来的？一般会回答，是爷爷奶奶、姥姥姥爷生的。如果孩子继续问：爷爷奶奶、姥姥姥爷又是从哪里来的？地球上的第一个人是从哪里来的？这个问题不仅一般父母回答不了，在进化论出现以前，就连大多数哲学家也回答不了。孩子的简单提问，看似是对具体的对象提问，实际隐含着深刻的哲学之问。

早先人们无法想象人是从哪里来的，于是将人的产生归结为神的创造，东方神话的女娲造人，西方神话的上帝造人。尽管很多人骨子里并不相信这样的神话传说，但很久以来也没有人能够提出除神造人以外的其他解释。直到进化论出现，人们才逐渐明白人类的来历。达尔文进化论的伟大贡献，就是回答了"人是从哪里来"的问题，将这个哲学问题变成了科学问题。人们现在不再考虑如何回答"人是从哪里来的"，而是证明人是如何这样来的。在证明过程中，人们找到各种证据，产生了不同的学说，同时也发现了现有学说无法解答的各种其他困惑。

一、人类进化的学说

（一）两种主流的进化学说

人是从哪里来的？关于这个问题，人们当下几乎存在着共识：人是从猿进化而来的，猿又是从更低级的灵长类动物进化来的。生命从低级到高级的进化逻辑是被普遍认可的学说，比较有代表性的论著包括拉马克的《动物哲学》和达尔文的《物种起源》。

《动物哲学》发表于1809年，《物种起源》发表于1859年。从两本著作的内容看，它们共同揭示了生命由低级到高级的进化过程，这在神创论占绝对统治地位的当时，无疑是超前且具有独特眼光的。从时间上看，《动物哲学》比《物种起源》早了整整50年，但从影响力看，《物种起源》却比《动物哲学》具有更大的影响力，以至于谈到进化论时，人们首先想到的是达尔文，只有一部分人才会想到拉马克。

虽然《动物哲学》和《物种起源》共同揭示了生命的进化规律，但进化的动力是什么，却存在不同观点。

拉马克认为，动物进化遵循两条法则："第一法则，在一切不超过其发达界限的动物中，某种器官频繁而持续地使用，会逐渐使该器官强壮、发达、增大，而且该器官使用时间越长，其能力越强。反之，某器官长期不用，则会衰弱、缩小，能力逐渐减弱，最终该器官消失。第二法则，由于长时期受生活地域环境的约束，某部分器官经常使用，某部分器官长期不使用，因而导致该物种的个体获得某部分器官或丧失某部分器官，这种自然环境造成的变化，对于动物，不论雌雄，都是一样的，对于新生个体亦然；因此，新生个体，世代累积地存续着上代的特质。"（《动物哲学》，〔

法〕拉马克 著)用简单的词语概括拉马克的这两个法则,就是用进废退和获得性遗传。

达尔文认为"我们就不可怀疑(此时不能忘记,个体出生的数量要远远比可能幸存下来的数量多)拥有任一优势的生物个体,不管这种优势地位如何地略过于其他的生物,难道该生物就不会凭借最好的机会,去赢得生存空间与繁殖各自的物种类型吗?从另一方面来看,我们可以相信,对于任何生物有害的变异,不论这种变异的程度是多么微小,它们一定会给生物带来毁灭性的后果。我将其称为自然选择,也就是适者生存法则。"(《物种起源》,〔英〕达尔文 著)从该著作的叙述看,自然选择是物种进化的根本原因,而自然选择的进化动力来自变异。《物种起源》并没有明确表述变异指的是随机变异还是受控变异,但从著作的整体描述来看,《物种起源》中的变异应该指的是随机变异。

(二)学说难点

拉马克的进化思路与达尔文的进化思路存在较大差异,这两种进化论学派一直存有争论。在 20 世纪初遗传学发展之后,获得性遗传受到了质疑——"环境因素造成的性状变化一般都与蛋白质有关,如鸟类因飞翔能力发达了胸肌,但是这种性状的变化无法影响到生殖细胞的基因序列,也就无法通过遗传的方式传递给子代个体"(《遗传学(第 3 版)》,刘祖洞 等著)。但是"表观遗传学揭示了一类特殊的遗传变异现象,它们不涉及遗传物质 DNA 的序列改变,但能够影响个体的性状表现,更重要的是,它们受到环境的影响,而且它们对性状的调控方式可以遗传给后代。"(《遗传学(第 3 版)》,刘祖洞 等著)这里可以看出,人们对获得性遗传学说从质疑到否定,又发展到重新审视和认可。另一方面也可以看出,正是因为人们对科学的盲信甚至崇拜、某一学说的不完善和人们对问题的一知半解,不仅不能很好地使人们用科学成果推动科学的进步,有时还会禁锢人们的思维,影响人们的判断。用进废退和获得性遗传本来是通过直接、简单的观察就可以得出的判断,我们不能仅仅因为后天的活动不会影响遗传物质这一现象,就否定了用进废退和获得性遗传的理论。当现有知识无法解决眼前问题时,应该同时审视原有的学说和新出现的理论,而不是简单否定存在冲突的某一理论。

反观达尔文的自然选择进化思路,一度成为进化的主流学说。即便如此,质疑的声音也一直不断。"1859 年,英国博物学家达尔文(C.R.Darwin)出版《物种起源》,提出了自然选择的生物进化学说,但他没能够说明生物进化的机制。"(《遗传学(第 3 版)》,刘祖洞 等著)《物种起源》的生物进化机制来自自然选择,但就自然选择所涉及的某些问题,达尔文自己也感到困惑。正如达尔文自己说的:"眼睛以其独特的方式根据不同的距离聚焦,接纳强度不同的光线,以及矫正球面和色差。如果说这样的器官能通过自然选择而形成,我承认这听起来的确十分荒谬。"(《物种起源》,〔英〕达尔文 著)不仅如此,很多夜视动物眼睛虹膜的后侧都有反光层,夜晚光线到达视网膜时,感光细胞进行第一次感光,同时剩余的光线穿过视网膜,经反光虹膜反射回视网膜,感光细胞进行二次感光,感光度大大增加。此外,几乎所有长眼睛的动物都是左右对称的双眼,生双眼的好处就是可以通过双眼的视角差产生立体影像,同时通过双眼的视觉差目测距离。掠食动物的双眼都是排在前方,可以更好地注视目标,如狮子、猫头鹰等。被掠食对象的眼睛多长在两侧,可以扩大视角,提防猎食者的偷袭,逃跑时尽管脑后没有长眼睛,但宽大的视角既可以看到前方,也能看到后方,如兔子、麻雀等。眼睛的这种结构过于精妙、合理、科学,的确很难想象可以通过自然选择的方式获得。

"达尔文的眼睛"几乎成了进化论的软肋,有些神创论者以此作为否定进化论的"有力证据"。有人甚至利用概率计算来证明通过自然选择的方式产生眼睛这样的器官是不可能的。如果用概率原理描述自然选择——只要变异种类的基数无穷大,只要有益变异的概率不等于零,那么,在足够长的时间积累中,即使淘汰掉绝大多数无益的变异,有益的变异总是会出现的。这就好像一只猴子无意识地敲击键盘,屏幕上偶尔会出现可识别的单词,长时间地敲击键盘,偶尔也可能出现完整的句子,只要给猴子无限的时间,猴子终有一天也能无意识地敲出莎士比亚名著。这在概率上是成立的,但没有人相信这种事情真的可以发生。

即使不是莎士比亚名著这样复杂的字符组合,仅仅让猴子随机敲出按 A 到 Z 的顺序排列的 26 个字母也是难以想象的。如果 26 个字母不重复随机排列的每种组合只出现一次,A 到 Z 顺序排列出现的概率就是:

$1/26! \approx 1/(4 \times 10^{26})$。

如果猴子每秒敲击 10 次键盘，敲击 26！次键盘所需要的时间是：

26！/（10×3600×24×365）≈ 1.28×10^{18} 年。

这是在猴子每敲击 26 次键盘都不会重复 26 个字母中的任何一个其他字母的情况下得到的最少时间，如果考虑猴子可能重复敲击某几个字母，以及猴子敲击键盘的速度达不到每秒 10 次，出现 A 到 Z 顺序排列所需要的时间则可能更长。

我们知道，宇宙诞生到现在大约是 150 亿年，即 1.5×10^{10} 年，1.28×10^{18} 年远远大于 1.5×10^{10} 年。也就是说，即使猴子从宇宙诞生之日起就开始敲击键盘，敲到现在也不一定会出现从 A 到 Z 的字母顺序组合。

生物基因组成远比 26 个字母多得多，基因的进化速度远比猴子每秒敲击 10 次键盘的速度慢得多，通过自然选择出现像眼睛这样既复杂精妙又科学合理的器官，其概率应该要比随机敲出字母 A 到 Z 顺序排列的概率低得多。

当然，对于眼睛的形成，达尔文也给出了自己的解释："理性告诉我，如果能够列出从简单不完善的眼睛到复杂眼睛的各级存在，就会发现，事实上每一个级别的构造对其所有者都是有益的。进一步假设眼睛是可变异的且这种变异是可以遗传的，这样的假设在很多案例中都确实存在。同时，如果这些变异对处在变化中的外界环境下的任何动物都是有利的，那么自然选择形成完善复杂的眼睛的难点，虽然难以被克服，但并不至于颠覆这一学说。"（《物种起源》，〔英〕达尔文 著）达尔文的解释只能说明眼睛是由低级到高级进化而来的，其实并没有真正解释自然选择如何可以产生像眼睛这样的精密器官。

生物都会根据所处的环境调整自己的行为，趋利避害而不会随机行动，然后由自然选择来决定行为的结果。也就是说，生物在决定行为之前就已经在设计自己的行为路径了，而设计的目标就是对自己有利，设计的依据就是现有知识（对动物而言，知识来源于本能和习惯）。那么，生物的进化难道就不会按照趋利避害这种主动的方式进行吗？生物进化为什么一定会按照自然选择这种低效率的、前途未卜的、听天由命的方式进行呢？

自然选择学说的其他困惑还包括："本能可以由自然选择进化而来吗？"及寒武纪之前生物化石缺失的困惑。

如果用拉马克的用进废退的进化机制，就不难解释眼睛这样的精密器官形成的原因。用进废退实际上是一种受控的进化机制，它排除了随机变异带来的诸多不确定性，使进化始终向着某种需要和有益的方向发展。

自然选择对于简单生命体的进化应该是适用的，因为简单生命体没有自主能力，或自主能力远不如复杂生命体。同时，简单生命体繁殖量巨大，如每条鲱鱼可产30万枚卵，一株烟草可结36万粒种子。（《遗传学（第3版）》，刘祖洞 等著）像这样的物种，就拥有牺牲绝大多数非优势个体来保全极个别优势个体存活下来的进化资本。

（三）不同学说的适用范围

很多人喜欢用一套理论来解释所有问题。生物多种多样，生命丰富多彩，采用一套理论解释所有的生命现象，可能导致其学说与实际产生冲突。仔细分析拉马克和达尔文的进化学说，会发现二者各自都存在合理的方面，同时又存在一些无法解释的困惑。他们的学说似乎是生物不同阶段的不同进化方式，达尔文的学说更符合简单生命体的进化，拉马克的学说更适合复杂生命体的进化。尽管在简单生命体和复杂生命体的进化过程中，可能同时包含了变异和自然选择及用进废退和获得性遗传两种形式，但两者所占的权重不同。简单生命体的进化过程中，自然选择占据主导地位，获得性遗传占次要地位。复杂生命体的进化过程中，用进废退占据主导地位，自然选择占次要地位。生命进化的不同阶段应该有不同的进化法则。

从《物种起源》的描述来看，自然选择更适合繁殖量巨大而成熟生命体幸存量很少的简单生命体，就像达尔文在自然选择原理前所加的附加条件那样："此时不能忘记，个体出生的数量要远远比可能幸存下来的数量多。"（《物种起源》，〔英〕达尔文 著）而对于低出生率的复杂生命体，很难想象随机变异的自然选择可以持续存在。例如鹰一窝只孵1~2枚蛋，猴子很少有双胞胎，像这样的物种不要说淘汰大多数，哪怕每窝只淘汰一只，它们的父母都可能断子绝孙。低出生率的复杂生命体靠自然选择，只可能是亡族灭种，或者停止进化。

当然，低出生率的复杂生命体也存在被淘汰的情况。被淘汰的原因可以包括：疾病、先天缺陷、被其他动物伤害、自然伤害（如食物短缺）、意外伤害等，除不可抗力的自然和意外伤害，生命行为的错误选择也会导致灾难性的后果。但是这些淘汰应该是种群中的小部分，不是大多数，否则物种进化难以为继。

从拉马克和达尔文给自己学说的定位和著作内容的阐述看，他们的学说都有各自的适用范围。拉马克的著作取名为《动物哲学》，也就是他的用进废退和获得性遗传学说只适合动物，不保证也适用于其他生物。在生物学上，动物显然比其他生物复杂，也就是说他的学说只适合复杂生命体。自然选择的限定范围是"此时不能忘记，个体出生的数量要远远比可能幸存下来的数量多"，这个限定显然只适合繁殖量巨大的简单生命体，不适合低出生率的复杂生命体，即使是繁殖量巨大的复杂生命体也不一定适合。拥有眼睛的生物都应该属于复杂生命体，根本不应该用自然选择来解释。达尔文可能自己也没有意识到，这是在自己设下的限定条件之外，试图解释与自己学说相悖的难题。

自然界的生物多样性可能也预示着进化方式的多样性，即不同的物种可能遵循着不同的进化方式，或者不同的进化方式在物种的不同进化阶段中起着不同的作用。

对于"本能可以由自然选择进化而来吗"这个问题的疑惑，达尔文并没有给出回答，他认为这涉及心理学问题，就像不会讨论智力起源问题一样，他不会讨论心理学问题。（《物种起源》，〔英〕达尔文 著）关于本能的问题将在"第三章 本能"中详细讨论。

对于寒武纪之前生物化石缺失的困惑，达尔文承认无法给出满意的答复。（《物种起源》，〔英〕达尔文 著）他认为这是化石证据不完整的结果。但根据地质发掘发现，所有现存的物种几乎都是从寒武纪的生物进化而来。在寒武纪，几乎所有的生命都站在了进化的同一起跑线上。虽然从最微小的生物到大型生物，中间相差了 2000 万年的进化时间，但相比于地球生命几十亿年的进化史，2000 万年只是一瞬间。这与达尔文认为的进化是渐进缓慢的长期过程是不符合的，他认为寒武纪以前一定经历了从寒武纪到现在一样长的生物进化史。（《物种起源》，〔英〕达尔文 著）

根据现代科学研究结果发现，早在 38 亿年前地球上就已经出现了生命，直到约 5 亿年前的寒武纪，地球生命都是以微生物的形式在海水里消磨时光。这一时期的地球生命都是没有自主能力的简单生命体，生命的进化更加符合自然选择这种听天由命的进化方式。直到寒武纪出现了具有自主能力的复杂生命体，使生命进化进入到具有用进废退、获得性遗传、有一定目标的特点的进化方式，使进化进程大大加快，仅2000万年的时间就进化产生了所有现代生物的祖先。

寒武纪之前的生命都是没有骨骼或甲壳的微生物，无法留下化石，这可能就是古生物学家无法找到寒武纪之前微生物化石的原因，也是只能找到寒武纪之后的生物骨骼和甲壳化石的原因。当然也有观点认为，早期的微生物通过光合作用，将地球上的二氧化碳转化成了氧和碳酸盐，现在地球上的碳酸盐就是早期微生物的化石。同时，由微生物制造出的氧，正好又是大型生命体生长、发育、进化所必需的资源。

从这里也可以看出，拉马克的进化理论与达尔文的进化理论并不是对立的，而是互补的。按照自然选择的进化原理，变异是随机的，进化只能是缓慢渐进式的。而由于器官的发达与萎缩都是受物种使用所控制的，用进废退与获得性遗传的进化进度应该远远快于自然选择。这也说明了为什么从地球生命诞生到寒武纪大型生命体出现前，30多亿年的时间，地球生命都是微生物，进化极其缓慢，而寒武纪出现拥有自主能力的生命体之后仅2000万年的时间，生物种类就突然变多，大型生命体进化速度大大加快。

二、基因交流

按照自然选择的思路，物种的存留是自然选择的结果，也就是不同的环境决定不同的物种，相同的环境趋向于保留相同物种。《物种起源》的另一个重点就是生存竞争，一个生物个体获得了优势变异，也就获得了生存优势，也就可以凭借这一点优势获取更多的生存资源，从而淘汰掉没有获得优势变异的近亲。有人也以此作为同一环境下很少出现相近物种的原因。

实际上，当物种的单一个体获得变异优势后，不一定是通过这种优势把其他非优势亲戚消灭掉，更大的可能是通过基因交流，将优势基因传给非优势个体，在同一物种中扩散这种优势。通过基因交流将近亲变成同一物种，其过程可能只需要几代生命就可以完成。优势个体与近亲可能还没有形成明显差异，就已经完全融和了，同一环境中就不会出现近亲相残的现象。

澳洲野犬是澳大利亚的黄色土著犬，是由家犬野化的物种。科学家在一份报告中指出：澳洲野犬可能是5000年前由东南亚移民带到澳洲的一小群犬进化而来的。如果不仔细辨认，第一眼看见澳洲野犬可能会认为它们是谁家跑出来的大黄狗。据统计，目前澳洲野犬大约有300万只。纯正的澳洲野犬外形基本一致，不仔细分辨很难区分澳洲野犬不同个体之间的差别。尽管澳洲野犬的"前身"来自亚洲，而现有亚洲家养犬的外形、颜色、个性等却是千差万别的，每一只狗都很容易辨认。

地理孤立是影响生物多样性的重要因素。亚洲家犬依附于主人生活，其活动范围以主人为中心，一般不会跑得太远以免成为丧家之犬。亚洲家犬不能自由活动，导致了家犬基因的地理孤立效应，致使家犬特性千差万别。而澳洲野犬没有主人，可以自由活动，没有基因的地理孤立效应，导致澳洲野犬可以充分进行基因交流，使整个澳洲野犬性状趋于一致。

基因交流导致相同地理环境及比邻地理环境同类动物的性状趋于一致，以避免在生存竞争中同胞相残、近亲相残。这也是在相同及比邻地理环境中，很难发现相近物种的原因。

基因交流导致同一物种种群的性状差异缩小，这就防止了因变异导致同一物种种群个体差异逐渐变大，从而也防止同一种群分崩离析。这是同一物种群体同步进化的重要机制。

三、生殖隔离

  为了保持生物多样性，大自然设计了物种的生殖隔离机制。被生殖隔离的不同物种无法持续地繁衍后代，即使相近物种可以繁衍出子代，但子代都是没有生育能力的，例如马和驴可以繁殖出骡子，骡子却没有生育能力，骡子只能一代而止，这样就阻止了马和驴通过基因交流而变成同一个物种。狮子和老虎也可以繁衍出狮虎兽，狮虎兽同样也没有生育能力，只能一代而止，这同样阻止了狮子和老虎通过基因交流而变成同一个物种。如果没有生殖隔离，物种通过长期的基因交流，最终会将两性繁殖的不同物种，逐步变成同一个物种。如果地球上只有一个物种，将导致生物多样性的消失，导致物种的生命资源消耗只集中在共同需求的资源上，使得生命资源更加紧张。在地球生命的进化过程中，曾经发生过多次生物灭绝。如果自然界只有一个物种，而某次生物灭绝正好又发生在仅存的物种身上，地球生命将全军覆没。

  生殖隔离保障了生物多样性，防止地球生命的彻底灭绝。

四、共性与差异

　　根据遗传学原理,子代继承了亲代的大部分特征。尽管每一子代都与亲代保持了相似性,但每一子代都会与亲代产生一定的差异,否则生物进化就不会发生。生命的代代繁衍,导致后代与祖先的差异越来越大。当后代的不同群体分散到彼此相隔、孤立的环境里独自进化时,不同群体的差异也会越来越大,逐渐形成物种的不同亚种,长此以往,将导致不同的亚种最终形成不同的物种。但同一环境下的群体通过基因交流,使得该群体自身的差异越来越小。因此,时间导致后代与祖先的差异越来越大,环境孤立导致族群差异越来越大,同一环境导致种群个体的差异越来越小。

　　物种分化的规律也可以反过来观察。如果两个相近物种具有相似的共同特征,这个共同的特征可能来自他们共同祖先的遗传,特别是那些相近物种所共有、而其他物种所没有的共同特征,更是应该来自它们的共同祖先。例如智人与尼安德特人都穿衣服,这一特征就应该来自智人与尼安德特人的共同祖先海德堡人。智人与黑猩猩都会制造简单的工具,这一特征就应该来自于智人与黑猩猩的共同祖先森林古猿。

　　不同物种的共同特征除了可以来自共同的遗传,也可能来自共同的环境与生存规律的某些共同特征。例如不论是水禽还水兽,趾间都长有适合划水的蹼,陆禽与陆兽的趾间都没有蹼,而禽、兽并不是相近的物种,说明蹼是用进废退的进化规律产生的。鸟和蝙蝠都有飞行能力,二者也不是相近的物种,说明飞行能力也是用进废退的进化规律产生的结果。而鸟类不同亚种共有的飞行能力,应该来自共同祖先的遗传,蝙蝠不同亚种共有的飞行能力,也应该来自共同祖先的遗传。

五、家养动物的进化

《物种起源》中达尔文用了很大篇幅描述家养动物的变化,他认为家养动物的变化是人工选择的结果。人将自己需要的动物个体保留下来,淘汰掉不需要的动物个体,因而导致家养动物向着人工选择的方向发展。既然人工选择可以改变动物后代的性状,自然选择同样也可以改变动物后代的性状,以此可以证明自然选择的理论是正确的。

人工选择的进化是受控进化,从人工饲养动物的进化比自然进化快得多可以看出,受控进化导致的进化进程比随机变异的自然选择进化进程快得多。反过来我们也可以认为,既然家养动物可以在人类意志的干预下,向着人类希望的方向快速进化,动物自身为什么不可以按照自己的意志,向着自己希望的方向快速进化呢?

当然,人工饲养动物的变化并不都是人工选择的结果。例如人工饲养的家禽鸡、鸭、鹅都不会飞,并不是主人将会飞家禽都淘汰掉,只留下不会飞的后代的结果。目前有些民族仍然保留着驯鹰的传统,他们需要的鹰是擅长飞翔的鹰。他们选择的雏鹰并不是家养鹰的后代,而是到野生鹰的巢穴里找到的。因为家养的鹰过不了几代就会失去飞翔的能力,为了自己驯养的每一代鹰都有飞翔能力,他们驯养的每一代雏鹰都只能到野生的鹰巢里去找。也就是说,人工选择是无法驯养出有飞翔能力的鹰的。用家养动物的快速变化解释自然选择的变化不一定合适,但用来解释用进废退的进化机制反而更加合适。

家养动物中比较有特色的动物是狗,狗是一种依附于人类的动物,是人类跨物种的伙伴。狗是从狼演化而来的,狼是一种群居动物,每只狼都需要依附一个种群生存。但在自然界中,有一些狼不被种群接纳,它们只能尾随狼群边缘化生存,人们通常把这种狼叫作贱狼。狼群里只有头狼和狼后才有生育权,其他身份等级低的狼只能帮着头狼和狼后照顾后代。贱狼不被狼群接受，它们不仅不能获得足够的食物，也不能正常繁殖后代，还要受到狼群里其他狼的欺负。狼是群居动物，离开狼群将很难独立生存。有些贱狼无法在狼群甚至狼群周围生存时，只能脱离狼群另组织新的狼群，有的则成为孤狼。有些孤狼来到人类的生活区域，吃人类的残羹剩饭，它们与人为善，逐步接近人类，逐步被人类所接受。由于人也是群居动物，也有帮助和照顾同伴的本能。当人类逐步接受孤狼后，把孤狼看作是自己群体中的一员。人类会给孤狼提供一定的食物，照顾和保护幼狼和弱狼，还会安抚与自己亲近的狼。孤狼在人类这里受到了比它们在狼群里好得多的待遇，于是更愿意和人类一起生活。经过一代又一代与人共处，一部分狼终于把自己变化成了狗，成了人类跨物种的伙伴。

也有观点认为，人类有抚养其他动物幼崽的习惯，有些幼狼因各种原因失去父母，被人类抱回去抚养。在抚养过程中幼狼与人建立感情，形成依赖。在人群中一代一代长大的狼最终变成了狗，进化出依附于人的新物种。

人与狗的同伴意识比物种差异意识更强。当主人受到攻击时，不管攻击者是人还是自己的同类，狗都会坚定地站在主人一边与来犯者对抗。人类也有相似的意识，当有其他动物袭击自家的狗时，主人都会极力赶走来犯者。即使来袭者是人，主人也会认为袭击自己的狗是对主人的冒犯，极力阻止。

猫与人共处的历史远没有狗与人共处的历史长，在中国古典书籍里很少能找到有关猫的早期记述，以至于在中国的十二生肖里，有被虚构出来的龙，有令人生畏的虎和蛇，却没有我们身边的猫，也许在制定十二生肖时，中国人还没有饲养猫。即使猫与人共处的历史可能没有狗长，但不管是有人饲养的家猫，还是无人饲养的野猫，都喜欢生活在人类附近。无人饲养的野猫幼崽被人带回家饲养，长大后就是家猫，即使是成年野猫，大多数也能养成家猫。所以猫本身没有家猫野猫之分，有人饲养的就是家猫，无人饲养的就是野猫。这说明猫与狗一样，体内具有了与人共处的基因。

六、动物的性选择

性选择也是进化论中生存竞争的重要内容，性选择反映的是同一物种对配偶的争夺。竞争配偶也分为不同形式，雄性为争夺交配权的打斗竞争，雄性为繁衍后代进行各种吸引雌性的表演，雌雄两性互选的和平结合等。

雄性动物通过打斗获得交配权，这种方式要求其身体变得强壮，以获得打斗优势。该过程与其说是性选择，不如说是用进废退的进化法则的体现。雄性动物通过打斗获得交配权，并不属于性选择。胜利的雄性动物获得交配权，雌性动物只是雄性动物的战利品，并没有选择权。这种现象在狮群中比较典型，雄狮为了获得打斗优势，体形比雌狮大了2~3倍，颈部还长出浓密的鬃毛，一来震慑对手，同时还可以对颈部起到保护作用。获胜的雄狮夺取狮群的统治权后，第一件事就是杀死狮群里的幼狮，使雌狮尽快发情，以怀上自己的后代。雌狮会极力阻止新首领对老狮王后代的屠杀，因为老狮王的后代也是自己的骨血，但是以雌狮的体形和战力是无法阻止雄狮杀戮的。最后，雌狮不得不接受血腥的改朝换代，不得不与杀死自己孩子的仇人组成新狮群。

在以吸引力为手段的配偶竞争中，雄性动物通常以优美的叫声、漂亮的羽毛或鬃毛、显眼的大角或头冠来吸引配偶，如孔雀，梅花鹿等。雌雄两性互选的动物，两性在体重和外形上基本没有差别，如大雁，狐狸等。

在所有的动物中，如果雌雄存在二态性，通常都是雄性体积更大，外观更漂亮。体形大是为了战胜情敌，属于雄性繁殖权竞争的要求，并不完全是雌性的选择。而以吸引的方式争夺配偶的动物，通常都是雄性充分展示自己的魅力以吸引雌性。在这种性选择中，雄性充分地展示，选择权在雌性。

在两性繁殖中，雌性动物与雄性动物对后代的投资是不同的。雄性动物完成交配也就完成了繁衍程序，而雌性动物却要为孕育后代提供食物和时间资源。后代出生后，雌性动物还要为抚育后代提供食物、付出精力。在有限的时间内，雄性动物可以与多个雌性交配，却不用付出更多的食物和精力，而雌性动物却不可能在短时间内完成后代的孕育与抚养。在两性繁殖中，雌性是稀缺资源。物以稀为贵，属于稀缺资源的雌性更有选择权。

七、人类大脑的进化

在进化方面，人与动物最明显的差异在于人类智力的进化。虽然科学已经证明动物也是有智力的，但动物的智力水平远远不能和人相提并论。每种动物都有自己的进化特色，如狮子进化出超强的战斗力，猎豹进化出超快的奔跑速度，鹰进化出超高的飞行能力等，但没有一种动物进化出像人类大脑这样的超级信息处理器官。尽管动物的进化各有特色，但不可否认的是，人类最终成为地球的主宰。这说明大脑的发达远比其他器官的发达更有优势。

从出土的化石来看，人类大脑的快速进化经历了几十万年甚至上百万年的时间，这看起来是一个漫长的进化过程，但从生命进化的一般规律来看，几十万乃至上百万年的时间，在进化历程中仍然是短暂的。这导致人类母亲身体结构的进化都赶不上人类大脑的进化。人类婴儿头颅的迅速增大，导致人类母亲的分娩越来越困难。在所有哺乳动物中，人类母亲的分娩是最困难的，这种分娩对于动物来说，个个都属于难产。如果没有他人的帮助，人类母亲的分娩成功率在所有哺乳动物中是最低的。在医学不发达的年代里，分娩成为每个母亲的鬼门关。我们不知道，是否由于母亲的难产，使原本可能出现的大脑更大、智力更高的婴儿夭折在分娩的时候，使人类不得不退而求其次地留下了并不是最发达的大脑？我们成了自然界妥协的产物，人类的身体资源还不足以支撑人类大脑的快速进化。

具有更大大脑和更高智力的婴儿应该是人类优秀的种子，但却无法来到这个世界，而头脑稍小和智力稍弱的却成了幸运儿。优胜劣汰的进化法则在这里与人类开了一个大玩笑。

也有观点认为，人类并没有抛弃大脑袋的聪明新生儿。为此，人类改变了孕育策略，未等胎儿长到无法生育时就提前生产，因此人类的新生儿都属于早产儿。绝大多数动物刚出生就已经有了一定的行动能力，可以自己行走，可以自己找食吃或自己找奶喝，遇到危险会躲避或吓唬对手。人类儿童基本要到3岁才有上述的反应和能力。按照动物的生育规律，人类胎儿要孕育到3岁才应该出生。将胎儿孕育到3岁，显然是人类母亲的身体所不能承受的。孕育40周出生的人类婴儿，对于动物来说只能算作早产儿，而且早产了3年时间。早产3年的人类新生儿，除了能吃送到嘴里的奶水，及不适啼哭，以提醒大人的注意和帮助外，没有其他任何能力。所以，人类母亲抚养新生儿远比其他动物辛苦。

人类是高等级的特殊物种，低等简单生命体普遍适用的生育法则，对高等复杂的人类并不适用，人类有自己独特的生存繁衍法则。

八、人类牙齿与进化

几乎所有动物直到死亡都是一口白牙,而许多现代人未到老年已经是一口假牙,老年缺牙是人们普遍的烦恼。虽然从出土的化石及骨骸来看,人类的远古祖先和近代祖先仍然是一口白牙,但如果现代人的骨骸或化石日后被发掘出来,可能个个都是满口没牙。有人说这是因为人类脱离了野性生活,对牙齿的依赖不像野生动物那么大,牙齿退化了。按照一般动物器官的生长规律,既然老年需要牙齿,那么牙齿就不应该在老年时缺损和脱落。

我们仔细观察,会发现大多数人的牙齿在十几岁的时候还基本完好,装假牙一般都在30~40岁以后。根据古人类学家的研究,人类远古祖先的寿命一般在12~14岁,这个年龄的现代人还没有发育成熟,牙齿还基本没有缺损。根据观察,在进化过程中,机体软组织的进化速度要快于硬组织。在一代生命中,用进废退对于软组织的影响远比硬组织更加明显,这也许是软组织进化速度快于硬组织的原因。软组织的损伤也比硬组织更容易修复,例如同样的创伤面积,皮肤或肌肉就比骨骼更容易恢复,而牙齿的损伤则完全无法恢复。所以牙齿的进化速度可能是最慢的。当人的寿命不断进化时,牙齿的使用寿命却赶不上生命的延长。所以看上去人类牙齿越来越不够用,越来越退化。人类的牙齿是依当时人类祖先的寿命而设计的,在古人类寿命12~14岁的生命中,牙齿的寿命是足够古人使用一生的。现代人类在享受着长寿福利的同时,不应该再抱怨牙齿缺损得太早。

九、人类寿命的进化

为了基因的繁衍，生命可以做任何事情。父母可以为自己的孩子奋不顾身，一次性生育的物种不惜为此而耗尽生命：螳螂父亲可以为未出生的后代提前献祭；狮子会咬死其他雄狮的后代，以保证雌狮专注抚养自己的后代；杜鹃将卵产在其他鸟的窝里，杜鹃幼鸟出壳后的第一件事就是把养父母的孩子推出鸟窝，好让养父母专注抚养自己；绒茧蜂甚至将卵产于其他昆虫体内，在自己后代成长发育的同时，被寄生的昆虫却被一点一点地吸食营养，最后长大的绒茧蜂从被寄生的昆虫体内爬出，被寄生的昆虫却慢慢死去。

为了基因的繁衍，生命可以表现得可歌可泣，也可以表现得伤天害理，甚至残忍恐怖。在自然界的丛林法则里，没有天理，只有繁衍，即使是为生存而进行的各种努力，其最终目的也是繁衍。"天地不仁，以万物为刍狗"，只要达到繁衍的目的，受基因控制的生命并不关心自己所采取的手段是高尚还是邪恶，只有文明才会要求目标与手段同样高尚。"生命机器最初是作为基因的贮藏器而存在的。它的作用是消极的——仅仅作为保护壁，使基因得以抵御其敌手发动的化学战以及意外的分子攻击。"（《自私的基因》，〔英〕理查德·道金斯 著）"一个自私的基因的目的究竟是什么？它的目的就是试图在基因库中扩大自己的队伍。从根本上说，它采用的办法就是帮助那些它所居住的个体编制它们能够赖以生存下去并进行繁殖的程序。"（《自私的基因》，〔英〕理查德·道金斯 著）这就是说，生命只是基因的载体，生命的过程都是为基因服务的，基因传承与进化也是生命存在的动力。生命不可避免地会一代一代地衰老和死亡，基因却一代一代地享受着轮回转世。所有的利他主义行为，归根结底都是有利于基因的传承。小到父母为子女作出的牺牲，直接有利于父母的基因传承，大到个人为社会作出的牺牲，间接有利于人类种群的基因传承。不管是个人还是社会，都不会认同无谓的牺牲，只会认同有利于基因传承的牺牲。

每一种生命都是一个过程，都有一定的使命。从整个进化链来看，每一个生命体都是其中的一段程序，这听起来有点儿悲哀，但相比于优胜劣汰的自然法则，生命的程序性使命似乎又仁慈了许多。即使是在单个生命的延续阶段，生命体的某些部分也会呈现出使命性的生长和凋亡现象。婴儿1岁左右开始长乳牙，6~7岁乳牙脱落，换上成年的牙齿。乳牙的使命就是完成儿童1~6岁的咀嚼需要，是一段程序性的存在。儿童6岁以前牙床骨太小，无法安排成年人的大牙，只能暂时安排小一点的乳牙。6岁左右的儿童已经拥有较大的牙床，可以安排一定数量的大牙。由于6岁至成年，牙床骨还在不停地长大，因此人的成年牙齿数量也是随着年龄逐渐增加的。最先换掉的是门牙，然后是门牙两侧的牙齿，逐渐向后侧长出盘牙，最后是智齿。

植物的花朵也是在需要授粉的时候开放，完成授粉后凋亡。花的使命就是完成授粉，是植物繁衍的一段程序。即使是组成生命体的细胞，也持续地分裂、生长、发育、死亡。"除了细胞的生长，程序性细胞死亡，又称细胞凋亡，也是发育过程中的重要细胞行为。"（《遗传学（第3版）》，刘祖洞 等著）我们观察生物世界，会发现很多为完成基因传承而进行的生命活动现象。后代不需要父母照顾的，完成繁殖后父母会很快死去。如雌雄对虾完成交配后，雄对虾很快死去，雌对虾需要产卵，因此会多活一段时间，完成产卵后，也很快死去。北极鲑鱼也是这样，雌雄鲑鱼长途跋涉，从大海去往自己的出生地，路途的各种生死艰辛都无法阻挡它们的决心。到达出生地后，雌雄鲑鱼几乎耗尽了身体的所有能量，它们马上开始产卵。鲑鱼是体外受精，产卵与受精同步完成，产完卵后雌雄鲑鱼先后死去，留下鱼卵自生自灭。鱼卵孵化出来的鲑鱼苗，又不辞千辛万苦地游向大海，去重复自己父母艰辛而悲壮的"鱼生"。

养过蚕的人可能也会观察到这一现象：蚕从小到大不停地吃桑叶，努力使自己长大，最后结茧化蛹，蛹再成蛾，蚕蛾吐出腐蚀性液体，把蚕茧腐蚀出一个洞，蚕蛾再破茧而出。出了茧的蚕蛾分别寻找异性交配，完成交配后，雄蛾马上死去，雌蛾为了产卵，会多活一段时间，完成产卵后雌蛾也马上死去。如果某只蚕蛾没有找到配偶，它就会一直等待和寻找配偶，直至其他完成交配并产卵的蚕蛾先后死去，孤蛾还一直坚强地活着，直至耗尽生命的所有能量才缓慢地死去。也就是说，先完成繁殖使命的蚕蛾先死，后完成繁殖使命的蚕蛾后死，无法完成繁殖使命的蚕蛾寿命最长。

后代需要父母照顾的物种，寿命就会长得多。单亲抚育后代的物种，如果雌雄两性存在寿命差异，通常都是抚育后代者寿命更长。为了保证繁殖的成功率，一代繁殖的物种会繁殖大量的后代，如对虾和鲑鱼一般都会产下成千上万枚卵。可能因为有人帮助，家蚕的卵孵化成活率高得多，因而产卵数量一般仅为几百枚。多代繁殖的物种都会繁殖数代，以保证后代数量的可持续性。

人类有足够的能力保证自己后代的延续，所以人类一次生育的后代很少，一般一个，偶尔也有双胞胎。人类在家庭中共存的代际数也不会很多，一般为三代，少数也可以达到四五代。动物单代的大量繁殖，多代的少数繁殖，以及人类的少代繁殖，都是为了满足繁衍的可持续性，除了完成基因繁衍和进化的使命，自然界不会给生命多余的时间。

生命就是使命，这就是生命的法则。

人的寿命不断延长，这是不争的事实。从远古人类的平均寿命12~14岁到现在的70~80岁，人类寿命成倍增长。在谈到人类长寿的原因时，很多人将其归结为医疗水平和生活条件的提高。按照这样的逻辑，人的成熟期也应该随着医疗水平和生活条件的提高而提前。然而实际上，随着医疗水平和生活条件的不断提高，人的成熟期却在不断推迟。医疗水平和生活条件的提高，也许对人的寿命延长有一定的帮助，但将寿命的成倍延长完全归结于此，不免有些片面。古代帝王的医疗和生活条件高于普通百姓，然而没有证据显示古代帝王的正常寿命普遍超过普通百姓的。

在人类生活条件和医疗水平提高的同时，家养宠物狗的医疗和生活条件也明显提高，然而并没有发现宠物狗的平均寿命有明显延长。据考古发现，狗与人类相伴的历史至少在1.4万年以上。在这1.4万年里，狗与人类共同享受着生活水平提高和医疗进步的福利。但在这1.4万年里（5万年前到1.4万年前，狗还是处于半狼半狗的物种），人类的寿命有了大幅延长，而狗的寿命却没有什么变化。所以，生活水平提高和医疗技术进步对寿命的延长并没有直接关系。另一方面，长寿的人并不一定是富有的人，也不是整天泡在医院里的人。

根据生命就是使命的法则，人只要三代就可以保证种群繁衍的可持续性。人类后代的成熟年龄越早，人类的平均寿命就越短，反之，人类后代的成熟年龄越晚，人类的平均寿命就越长。根据人类家庭的活动规律，祖辈帮助照顾孙辈的现象非常普遍。

这种照护模式可以让孩子的父母为家庭和社会投入更多的精力，是一种高效的家庭和社会组织形式。在那些依靠社会福利抚养后代的社会中，祖辈可能不直接帮助抚养孙辈，但祖辈通常退休较晚，他们通过服务社会的方式，间接抚养孙辈。祖辈只有直接将孙辈照顾到成年，或者通过服务社会间接抚养孙辈，并使其达到可以繁衍后代的年龄，才算完成使命。这样，祖辈的使命性寿命就至少需要达到孙辈成熟年龄的3倍。当人的平均成熟年龄为18岁时，3倍年限就是48年，正常情况下人类的平均寿命约为50~60岁；当人的平均成熟年龄为25岁时，3倍年限就是75年，正常情况下人类的平均寿命就可能达到80~90岁。也许有人会抱怨，祖辈照顾孙辈，或者祖辈退休晚会很辛苦，也失去了老年的悠闲时光。然而我们观察自然界，有多少生命时光是悠闲的？除了人类，自然界有多少动物是可以活到老年的？牺牲一点儿悠闲，换来长寿还是值得的。生命在于运动，不应该理解为进行体育运动就可以实现长寿，而应该理解为：为生命的可持续繁衍而进行的生命运动。

古人云："自古英雄出少年。"这话现在许多人很难理解，少年身体尚未长成，心智尚未成熟，少年英雄很难成为现实。实际情况是，"自古英雄出少年"适用场景就是古代，而不是现代。汉朝大将霍去病17岁随军出征，19岁率兵打通河西走廊，21岁率骑兵5万乘胜追击敌人至狼居胥山，歼敌70 400人，此战为汉朝进击匈奴最远的一次。这一事迹在现在看来不可思议，现代人19岁还是个孩子，心智尚未成熟，怎么可能统帅千军万马，为国家奠定乾坤？但在当时，平均寿命五十几岁的情况下，15~16岁就已经成年了，19岁就已经很成熟了。

也许我们应该根据人类成熟年龄的变化，重新定义少年和成年的年龄了。18岁成年也许已经过时，要求18岁成熟也许强人所难了。成熟晚，并不意味着能力差，只是还没有到需要展现能力的时候。由于祖辈还精力充沛，可以照顾孙辈或继续工作，孙辈没有必要快速成熟，马上独立生活和成家立业。随着人类不断进化，人的一生所需要掌握的知识和技能越来越多，而学习是需要时间的。过去用"学富五车"形容一个人知识渊博，称为"饱学之士"。但过去的书是用竹简写的，字大简厚，一车简书并没有多少字，还顶不上现在的一两本中小学教材，学富五车放到现在也就是看完了几本书。现在看完几本书，也只能算扫除了文盲，看完几十本书，也不敢称为"饱学之士"。过去的学子十年寒窗就可以考取功名，现在的十年寒窗才刚刚初中毕业，最多也就是高中在读。按照中国古代功名的概念，现在不拿到博士学位根本算不上考取功名，而拿到博士学位，一般至少需要二十多年的寒窗苦读。

随着人类的不断进化，需要学习的技能越来越复杂，需要掌握的知识也越来越多，这些都是需要时间来保证的。掌握的技能越多，学习的知识越丰富，就需要越多的时间，人的成熟年龄就会越来越晚，生命的惯性——人的寿命就会越来越长。大器晚成者往往更有潜力，这是许多人的共识。生存技能越复杂，要求掌握的知识就越多，学习技能和知识所需要的时间就越长，需要长辈陪伴的时间就越长。只有等到孙辈成年并且可以繁衍下一代，祖辈才"有资格"衰老和死亡。

所以医疗和生活条件的改善只是长寿的条件之一，而根本原因是，人类基因可持续传承的使命要求人类的寿命越来越长。

十、进化策略

如果没有远见卓识,不知道进化的远景目标,生命只能根据自身的现有条件,选择眼前最有利的道路进化。而这一道路有可能把物种引向美好的未来,也有可能把物种引向灾难的深渊,引向一条不归路。在生存竞争中,有些生物进化出硕大的体型、锋利的爪牙,成为战无不胜的王者,如狮子。有些物种选择缩小体形,利用逃避和躲藏的能力,在夹缝中求生存,如老鼠。但是如果自然条件发生变化,王者物种往往成为濒危物种,甚至消亡,而有些弱势物种往往能挺过艰难时刻,成为幸存者。6500万年前的那次天灾,身形硕大的恐龙都灭绝了,而身形较小的物种,如鳄鱼的祖先、鸟类的祖先、哺乳动物的祖先等,这些当时在夹缝中求生存的弱小动物很多都存活了下来。即使在现存的优势生物中,狮子是草原之王,老虎是山林之王,但它们也都成了濒危物种。老鼠是许多动物的捕食对象,是弱势物种,但老鼠家族却兴旺发达。这是因为块头大必然吃得多,有限的资源往往难以满足巨大的消耗。一只兔子很难让狮子吃饱,而狮子吃食时掉到地面上的食物残渣,对于老鼠来说可能就是一顿饕餮盛宴。

尽管动物没有发达的大脑,不能像人类那样有周密而长远的规划,只能根据本能和习惯以及当前的环境做出选择,但所有动物的选择几乎都是趋利避害的。

人类有发达的大脑,可以做出更长远更合理的选择和规划。人类的孩子只需专注学习,有相当一部分人即使进入成年甚至中年,也还没有为生存出力,仍然专注学习。学习是为了将来有更强的能力,人类一代一代不断地学习,不正是推动人类快速进步的原因吗?这种快速进步,难道不正是人类自主选择的结果吗?物种的进化法则并不是一成不变的,随着物种进化等级的提高,适用于高等生物的进化法则在不断变化。

随着科技进步、新理论新手段的出现，人类对进化论的理解和认识也在发生变化，进化论本身也在进化。物种的多样性可能也预示着进化法则的多样性。

直立行走使得双手解放，双手解放促成复杂的劳动，复杂的劳动促成大脑的进化。这是一直以来关于人类大脑进化的逻辑。那么有没有可能，这是因果倒置的逻辑呢？即人类祖先想要从事复杂的劳动，不得不从奔跑的四肢中拿出两肢来专用于劳动，剩下的两肢用于行走。前肢离眼睛更近，更便于精细劳动的观察，所以前肢用于精细的劳动。后肢更有利于身体的支撑，所以后肢专用于支撑身体和行走。也就是说，是劳动促进了手脚分工，而不是手脚分工促进了劳动。前者看上去更像是一种被动的巧合，而后者则是一种主动的选择。精细的劳动促进了大脑的进化，是用进废退的进化表现。

人类婴儿完全没有自制能力，不能像猩猩幼崽那样，可以通过抓握紧紧贴附在母亲身上。黑猩猩母亲带着幼崽奔跑时，可以一只手抱着幼崽，三肢触地奔跑。人类母亲只能双手怀抱婴儿，婴儿的腰部和颈部完全不能依靠自己的力量支撑，没有贴附母亲身体的能力。如果人类母亲像母猩猩那样单手抱着婴儿三肢触地行动，婴儿的腰椎和颈椎很容易受伤，所以人类母亲只能双手怀抱婴儿直立行动。如果人类没有双手，连传宗接代都可能成问题。所以正常的逻辑应该是，人类要解放双手，就必须直立行走。更进一步的可能是，解放双手与直立行走是交叉进行、同步完成的。

黑猩猩也有前肢，其前肢也很像人类的双手，但人类的双手完全不能支持奔跑，而黑猩猩的前肢对快速奔跑起到了举足轻重的作用，只有慢速移动时才可能双足行走。黑猩猩的快速奔跑导致其前肢远比人类的双手粗壮，人类的双手则更加精细。一般而言，精细的双手能够从事更加精细的劳动。

十一、地球生命不同阶段的进化速度

自然选择和用进废退是目前两种不同的进化理论，很多人习惯将所有的进化现象都往一种进化理论上套。支持自然选择的人认为，所有的生命进化现象都是自然选择的结果。狮子为什么身体硕大？因为体形小没有战斗优势而容易被淘汰，自然选择留下了身体硕大的狮子。为什么老鼠的身体那么小？因为体形小吃得少，体形大的因食物匮乏、没有生存优势而被淘汰，自然选择留下了体形小的老鼠。而支持用进废退的人则认为，所有的进化都是用进废退的结果。狮子为什么身体硕大，因为狮子经常战斗，肌肉和骨骼被频繁地使用，使得狮子体形越来越大。老鼠的身体为什么那么小，因为老鼠遇到对手需要逃跑和躲藏，肌肉和骨骼长久得不到使用而退化，使得老鼠的体形越来越小。

地球生命的多样性寓示着进化方式的多样性，动物的不同特点也寓示着动物的不同生存策略，也寓示着动物可能选择不同的进化路线。自然选择和用进废退是两种不同的进化方式，不同的进化方式也导致不同的进化速度。自然选择属于被动性的随机进化，用进废退属于主动性的有目标进化。显然，用进废退的主动性进化速度应该快于自然选择的随机进化。从地球生命的演化史就可以看出，不同的生命性质导致进化速度不同。

综合相关资料（《进化生物学》，沈银柱、黄占景 主编），生命进化的每一个阶段都反映出进化速度的不同：

38亿年前冥古代至5.7亿年前寒武纪（时长32.3亿年），地球生命从没有行动能力的微生物进化到外骨骼无脊椎动物；

5.7亿年前寒武纪至6600万年前白垩纪（时长5.04亿年），外骨骼无脊椎动物进化到胎盘哺乳类动物；

6600万年前白垩纪至3700万年前第三纪始新世（时长2900万年），胎盘哺乳类动物进化到类猴灵长类动物；

3700万年前第三纪始新世至200万年前第三纪上新世（时长800万年），类猴灵长类动物进化到人科灵长类动物；

200万年前第三纪上新世至1万年前第四纪更新世（时长190万年），人科灵长类动物进化到现代人类。

从灵长类人科动物进化到现代文明人类的每一个阶段所经历的时间：

250万年前至1万年前（时长约250万年），旧石器时代；

1万年前至4000年前（时长6000年），新石器时代；

4000年前至公元前1000年（时长3000年），青铜器时代；

公元前1000年至1769年（时长2769年），铁器时代；

1769至1870年（时长101年），进入蒸汽时代；

1870年，进入电气时代；

1942年，进入原子时代；

1969年，进入信息时代。

从地球生命出现到人类进入现代文明，生命的进化与文明的发展，从低到高的每一个阶段，都呈现出加速的趋势。无行动能力的微生物消磨了30几亿年的时间，才进化出外骨骼无脊椎动物等相对简单的动物。简单动物进化到灵长类人科动物用了5亿多年的时间。人类的各个时代由远至近更是呈现出加速发展的趋势，旧石器时代经历了250万年以上的历史，新石器时代、青铜器时代、铁器时代经历了几千年的历史，从蒸汽时代进入电气时代仅用了100多年的时间，电气时代、原子时代、信息时代、网络时代的过渡只有几十年的时间。

很显然，仅用自然选择的进化法是无法解释这种复杂的生命发展进程的，仅用进废退的进化法来解释也是困难的，特别是人类进入现代文明发展阶段后的进展速度，更难以用自然选择解释，用进废退的进化法虽然比较接近，但也很难完全令人信服。文明的发展应该有别于一般动物的进化法则，更有别于微生物的进化法则。

从生命进化到人类文明各发展了阶段所用时间可以看出，生命与文明的进化应该包括三种不同的形式：简单生命体的自然选择进化形式、复杂生命体用进废退的进化形式、人类文明的（有目标的）理想进化形式。

简单生命体没有行动能力，无法自主选择趋利避害的生活行为，只能按照达尔文自然选择学说的被动方式进化。

动物具有行动能力，根据趋利避害的原则可以选择生活行为，按照拉马克用进废退学说的采取主动方式进化。

人类是有文明意识的动物，文明是人类独有的现象。文明的目标就是人类的理想，文明的目标是努力提高人类自身的各项有益的性状和能力。并且，文明的活动并不仅限于趋利避害的眼前目标，还包括个人与人类种群的长远目标与理想。人类独有的文明进化方式，比简单生命体的自然选择和动物的用进废退进化方式有效得多，进化速度也要快得多。

第三章

本　能

二、本能的唤醒

动物的许多本能反应还需要适当的时机,条件成熟时,本能可以被唤醒,也可能不唤醒。条件不具备时,本能一般不被唤醒。但是一旦本能被唤醒,就不会再关闭,这一过程是不可逆的。

从未见过老鼠的小猫,第一次见到老鼠会表现出本能的兴奋。有些家养猫虽然已经不吃老鼠了,但它还是会对老鼠有抓、扑、咬的行为,许多家猫并未把老鼠当成食物,仅仅出于本能的兴奋,把老鼠当成了玩耍对象。在玩耍过程中,有些猫的捕杀本能被唤醒,突然野性大发把老鼠杀死,并且眼露凶光强烈护食。有了第一次杀死老鼠的经历,这只小猫以后就再不会把老鼠当玩具,而是把老鼠当猎物。因为它的猎杀本能已被唤醒,已经无法再变回原来的乖乖猫。

小男孩和小女孩一起玩耍,两小无猜,谁也不会觉得对方有什么特别。进入青春期以后,他们逐渐发现对方有某种吸引力,也许某天某个无意的行为,会使其中一人或双方心跳加速,感觉异样,这是他们对异性需求的本能即将被唤醒。由于人类的爱情比一般的本能要复杂,它既受到本能的控制,也受到理性的制约。当两小无猜的玩伴逐渐有了男女之情的意识后,是否点燃爱情的火焰是受到理性制约的。当双方感觉到两人不适合成为恋人关系时,理性的做法是双方都不去唤醒爱情的本能,这样两人可以继续发展朋友关系,留下童年美好的记忆。如果一方或双方爱情的本能得到唤醒,之后又没能发展成情侣关系,便无法再退回到原来单纯的朋友关系。因为本能的唤醒是不可逆的,唤醒的本能是无法再关闭的。

本能的唤醒就像植物种子发芽一样,一颗植物的种子可以存放几年、几十年、几百年,甚至几千年,只要种子的生物分子不被破坏,在条件具备时就可以发芽生长。

只要种子开启了发芽生长的程序，其生长进程就不会终止。外部力量在什么时候终止种子的生长条件，发芽的种子就在什么时候死亡。本能就像动物天赋的种子，并不是生来就开启的，它是生命历程中的一段程序，只在条件具备时才开启，并且开启后就不再关闭，直至完成使命。

三、人类某些本能的表现

（一）躲猫猫游戏

很多孩子喜欢玩躲猫猫的游戏。随着年龄的增长，孩子们会渐渐失去对这个游戏的兴趣。男孩子失去对该游戏兴趣的年龄往往比女孩子早，很多大女孩仍然对躲猫猫游戏感兴趣，仅仅因为在别人的眼里，躲猫猫游戏过于幼稚而不得不放弃对这种游戏的爱好。躲猫猫的兴趣来自孩子的本能，其原因在于躲藏是弱小动物的生存技能。弱小动物无法通过逃跑、吓唬、打斗来保护自己，躲藏是躲避危险最有效的方式。随着年龄的增长，男孩更喜欢并擅长奔跑、打斗，于是男孩先于女孩失去对躲猫猫的兴趣。在女孩子当中，奔跑、打斗能力强的女孩会较早失去对躲猫猫的兴趣，文弱的女孩往往对躲猫猫更有兴趣。

在空间上，小孩子喜欢在小空间里活动，其中又以小女孩为甚。一般人会认为，小孩子身体小，自然喜欢小空间。这个理由似乎并不充分，孩子喜欢动，大空间对运动更有利，孩子应该喜欢大空间才合乎情理。分析原因，这也与弱小动物的躲藏心理有关。观察自然界，几乎所有陆地小动物在遇到危险时都会找小空间躲藏，平时休息也更喜欢躲在小空间里。

（二）毛发的本能

人类虽然没有体毛，但体毛的本能并没有消失。很多有毛动物在愤怒或惊恐的时候，都会竖起毛发，使自己看起来体形更大，以此吓唬对手。早期人类是有毛发的，在愤怒或惊恐的时候,与其他有毛动物一样,也会竖起毛发。当人类褪去体毛以后,竖起汗毛也不会再有扩大体形的视觉效果。然而时至今日,人在愤怒、惊恐、情绪异常激动的时候仍然会竖起头发和汗毛。如成语怒发冲冠、寒毛卓竖,以及民间俗语"炸毛"等,都是描写人在愤怒、恐惧、情绪异常激动时毛发竖起的现象。由于人类的毛发已经很不明显,炸毛也只是自己的感觉,别人很难看出。但在"炸毛"时仔细观察,还是可以看到寒毛根隆起、寒毛竖立的现象,甚至用手轻摸皮肤也能触摸到寒毛根隆起的手感。"炸毛"会导致肾上腺素大量分泌,心跳加速,血脉贲张,机体的各个部分高度紧张兴奋,使人的整个机体处于超负荷运行状态。过量的肾上腺素分泌,经常性的机体超负荷运行,会对机体造成一定的伤害。处于正常状态的人是不会进入"炸毛"状态的,人们长期平静安定地生活,使得人们"炸毛"的情况非常少,很多人甚至不知道真正的"炸毛"是怎样的。

时至今日,人类在毛发基本褪去的情况下,毛发的本能依然存在。所以,人类的演化,并不会像我们想象的那么快,那是一个漫长的过程。

(三)火的记忆

火对于大多数动物来说都是可怕的,因为动物也知道"水火无情"。而人类不同,人类掌握了火的规律,学会了用火。火可以取暖,烧烤食物,夜晚照明,抵御野兽等。火是人类可使用的、自己身体以外的巨大的自然能源。有了这个能源,人类的能力大大提高,驾驭外界的能力大大增强。所以人类喜欢可控的火,如夜晚的灯火、营地的篝火、节日的焰火等。当然,当火失控时,人们也会紧张害怕,本能地逃跑或扑救。

进入现代以后,许多原来靠火获得的东西,很容易用其他方法实现。例如:过去的照明用火把、油灯、蜡烛等,现在用电灯;过去用篝火取暖和烧烤食物,现在用衣物取暖,用炉灶炊具烹饪食物。

根据物理学原理,自然火的大多数光谱波段在红外线至黄色可见光之间,并且光谱是连续的。而近代光源与自然火的光谱波段相比之下发生了较大变化,日光灯包含了许多从黄光至紫外线的波段,LED只包含少数的光谱波段,并且光谱不连续。有些场合为了制造出类似自然火的效果,采用多光谱LED技术,一般情况下也能达到以假乱真的效果。但是人的本能仍然会对仿真火有所察觉，在酒吧、咖啡馆里，人们还是喜欢点蜡烛，认为蜡烛更有情调；野外用火把比用电筒更加亲切；看见篝火还是会兴奋，有唱歌跳舞的冲动；虽然家里功能齐全的灶具可以烹饪美味佳肴，但是野外烧烤仍然很有吸引力。因为电能及人造光源的使用是近代以后才开始的，在人类的基因里还留存着对自然火的远古的情感，代替火的现代技术还没有深刻地刻画在人类的基因里。

（四）构图的本能

很多人在复杂的自然环境里会本能地紧张，面对灌木丛的复杂景象会在大脑里迅速构图，其中，最容易出现的图形就是动物的脸。而后，人们会迅速对模糊的脸型图案进行进一步辨认。当脸型图案逐渐清晰时，人将立刻大量分泌肾上腺素，毛发竖起，血脉贲张，立即展开攻击或拔腿逃跑。

人类的远古祖先是许多肉食动物的掠食对象，他们必须时刻提防掠食动物的袭击，最担心的就是被掠食动物偷袭，而偷袭通常发生在掠食动物可以隐藏的复杂环境里。人类祖先在这样的复杂环境里就会格外小心，必须仔细分辨偷袭者。这一过程中，分辨出动物的脸是最为关键的技能，因为被掠食动物注意的时候也是最危险的时候，看见动物的脸就意味着自己已经被这个动物注意。构图能力越强越迅速的人，就越能获得更多的逃生机会。所以复杂环境的构图，特别是构建动物脸型图案的本能，就是人类祖先的生存技能，遗传给后代，成为后代的本能。

在心情轻松的环境里，人们也会对一些景物发挥想象，在大脑里构图，但这些图案往往比较轻松美好，如把不同的云彩想象成可爱的动物、慈祥的老人、美丽的少女、活泼的孩童等。这一举动可能也是来自远古人类的需要。远古人类在很长一段时期中靠采摘狩猎为生。在没有安全顾虑的复杂树丛里快速分辨出果实，会有更多的收获。在复杂的环境里快速分辨出猎物，狩猎有更大的成功可能性。在复杂环境迅速构建果实、猎物的图像，是在自身有安全保障时的本能。如果自身没有安全感，更容易构建在大脑中的图案则是动物的脸。

（五）野性的本能

人与其他动物的区别，不在于是否使用工具，不在于能力高低，也不在于是否征服自然，而在于是否存在文明，是否存在生存和繁衍以外的活动目的。即便目前人类文明达到了前所未有的高度，人类仍没有完全摆脱动物的许多本能，如较晚进入农耕社会的民族，一直保留着狩猎的爱好。即使是高度发达的地区，高度文明的社会，哪怕丰衣足食营养过剩，一部分人的血管里仍然流淌着野性的血液，保留着猎杀的冲动。在猎杀方面，特别在依靠体力猎杀方面，男性的猎杀冲动远高于女性，这说明远古人类的猎杀主要是男性活动，女性很少或者不参与猎杀活动。

远古人类与掠食动物一样都具有猎杀的冲动，因为猎杀意味着食物，意味着生存。随着养殖和农耕技术的发展，食物来源更有保障，猎杀就不再是生存的必要手段。当人类有了环保意识，大多数人认为不应该随便猎杀动物，即使是那些传统观念中的"坏"动物，也不应该斩尽杀绝。然而各地的偷猎现象仍然时有发生，有些人为了满足"合法"猎杀，甚至饲养野生动物，并将其提供给有猎杀需求的人，以满足他们猎杀的冲动。尽管这些被猎杀的"饲养动物"价格不菲，但仍然不能阻挡某些人的猎杀欲望。如今人类的猎杀动机已经与动物完全不同，动物猎杀是为了生存，人类猎杀是为了取乐。

真正文明的社会，真正文明的现代人，一般都会鄙视不是为了生存而是为了寻欢作乐的杀戮。反对娱乐性的杀戮是文明驱使，以杀戮为乐是野蛮基因的体现，这说明在文明的外表下，某些人血管里仍然流淌着野蛮的血液，是进化不完全的表现。

对于不可理喻的野蛮行为，有人将其表述为兽性大发。从道德层面说，兽性大发是形容或比喻；从生物学层面说，兽性大发是真实的表述。兽性大发就是野性基因的返祖，没有野性基因的复活，哪来兽性的行为？一只从未吃过生食的乖乖猫，第一次闻到血腥味都有可能激发嗜血的本能。这不是小猫还没被驯化，而是猫的基因里保留着嗜血的记忆。一只兔子，即使面对一只无助的小鸡，也不可能干出断其喉尽其肉的事情，这不是兔子具有怜悯之心，而是兔子的基因决定了兔子的本能和行为。

有人自认为人类已经很完美了，已经进化到了高级动物的天花板。然而，从生物学角度看，人类的缺陷还有很多，例如人体很多该褪去的毛发还没有完全褪去；动物直至死亡都是一口白牙，而人类的牙齿根本不够一生所用，年龄未老已经是一口假牙；

部分人的血管里还流淌着被文明社会所鄙视的野性血液，基因里还封存着远古野生动物的野蛮记忆。人类远没有走到进化尽头，从人体结构、行为规则和意识表现来看，人类还算不上完美的高等动物，仅仅是高等动物的半成品。在许多人的基因里，一半是绅士，一半是野兽。

在野性世界里，抢夺、偷盗、恃强凌弱是生存法则，因为依此获得的资源要比自己搜集捕获容易得多。在有约束的社会里，人类鄙视这些野蛮行为。但是如果没有了约束和惩罚，很多人的野蛮行为还是会重现。治安情况不好的国家和地区，抢夺、偷盗、霸凌等就会横行，国家自卫能力不足就容易遭到侵略和掠夺。早期的文明面对野蛮不堪一击，在人类的四大文明中，有三个便因此而毁灭，只有华夏文明延续了下来。即使是号称文明高度发展的今天，国际关系中仍然会表现出野蛮动物的丛林法则。人类的文明还很脆弱，人类距离野蛮还未遥远。

第四章

我们的灵魂从哪里来？

一、意识

意识是只有人类才有的心理反映，还是动物普遍存在的心理反应，一直以来，人们观点不一。有的观点认为，"意识是人特有的心理反应形式，是指人以感觉、知觉、记忆、思维等心理活动过程为基础的系统整体，对自己身心状态与外界环境变化的觉知和认知。"（《心理学导论》，梁宁建　主编）

意识不同于思维，思维具有完整严谨的逻辑，意识只是对外部事物的反映，可以是简单反映，也可是复杂反映。

眼睛注意运动的物体，耳朵专注声音的方向，遇到危险逃跑，遇到食物吃掉或叼走。这些反映虽然简单，但没有意识的动物也是没有反应的。

杜鹃将卵生在其他鸟窝里，让其他鸟抚养自己的后代。自然界鸟窝很多，杜鹃并不会随便生蛋，它们只会生在有能力抚养自己后代的鸟的窝里。它们不会将蛋生在麻雀窝里，因为麻雀太小，无法为雏杜鹃提供足够的食物；它们不会将蛋生在大雁的窝里，因为大雁不会给雏雁喂食，只会带着雏雁，让雏雁自己找食，而雏杜鹃不会自己找食；它们也不会将蛋生在被其他鸟遗弃的窝里，因为被遗弃的鸟窝不会有鸟前来孵蛋。杜鹃产卵选窝的行为显然是有意识有选择的。

就连蚂蚁找食、蚂蚁战争，看上去也是有意识支配的。当一个蚂蚁发现一块糖块时，只身无法将糖块拖回蚁穴，它就会回去通风报信。之后，一群蚂蚁会从穴中出来，齐心协力将糖块拖回蚁穴。如果其他蚁穴的蚂蚁也发现了相同的糖块，它们就会各自回去搬救兵，导致两个蚁穴的蚂蚁大打出手，死伤一片。蚂蚁的通风报信、集体搬运、集体战争中体现出的组织协调能力连很多大型群居动物都比不上。例如，野牛群的通风报信能力、组织协调能力、战争能力远不如蚂蚁。切叶蚁的生产生活行为更加复杂。

切叶蚁以种植真菌类蘑菇为生，它们将嫩草、嫩树叶切成可以搬运的小块，并将其搬回蚁穴的蘑菇种植园。在蘑菇种植园，它们进一步将其切碎，利用真菌种子种植真菌蘑菇，用真菌蘑菇喂养切叶蚁幼虫。切叶蚁切下嫩叶并不是直接食用，而是用于种植，这与人类的种植行为是一样的。切叶蚁种植真菌蘑菇的行为，在人类当中只有具有相当农业知识的人才能够做到。我们能够断言蚂蚁的这些行为是无意识的表现吗？

从很多动物的行为表现看，意识并不是人类所独有的，动物也有意识。我们不知道动物的头脑或者神经系统是不是意识的唯一载体，也不知道意识的边界究竟在哪里，但是可以肯定的是，至少有相当一部分动物是有意识的。意识是大脑对外界事物的反应，意识的信息来自大脑以外的外部世界，包括身体以外的信息和自身身体的生物信息。从这个意义来说，我们看见的外部事物是外部影像通过眼睛传感，在视网膜上成像，再通过神经系统传递给大脑，从而形成的内部意识。

大脑是意识的载体，大脑越发达，脑容量越大，产生的意识就会越丰富、越复杂。不难发现，人类的意识显然是动物中最复杂的。动物的意识都是直接意识，但在人类之中，即使是1岁左右的幼儿，尽管还没有学会语言表达，也已经有了间接意识和抽象意识，例如：会用微笑表示理解和愉悦，会用点头摇头表达肯定与否定，会用手指向想要的东西或想去的方向等。最聪明的动物也不可能产生人类幼儿的间接意识，如果有动物向你微笑，面对问题点头或摇头，你可能会被吓得寒毛竖起。

二、思维

思维是基于意识的高级心理活动，是对事物规律的认知活动。思维具有更复杂的心理特征，是更高级的心理活动。如果有观点认为意识是人类所特有的心理活动，那么也就一定有观点认为，思维也是人类所特有的心理活动。"思维是人重要的认知活动，是人脑借助语言、表象或动作实现的对客观事物的本质特征概括和间接的反映。"（《心理学导论》，梁宁建 主编）尽管人们将思维默认为人类特有的心理活动，但也有相当部分的观点认为，有些动物也是有思维能力的。

如果你将一盘牛肉放在茶几上，大多数宠物狗都只会看着，等待主人将牛肉送到嘴边或放到地上。狗的内心知道什么是被允许的，什么是不许的。如果主人有事出门，只需1~2分钟，茶几上的牛肉就会被"懂事的"狗打扫得一干二净。主人回屋，哪怕时间过去一天之久，宠物狗在完成欢迎仪式之后，马上就会用眼角看人，低着头夹着尾巴，行动缓慢地躲到一边。在主人面前，狗知道什么可以做，什么不可以做。主人离开，没有了监督，狗就恢复了本性，想做就做，想吃就吃。主人回来，狗又知道自己做了不该做的事，害怕主人责罚，小心翼翼。有些宠物狗还会有专宠心理，不允许主人对其他狗好，有时甚至还会故意搞破坏，以引起主人的注意或表达不满。狗的这一系列心理活动，对于人来说很简单，但它已经体现出相当复杂的思维逻辑。

有些有雏鸟的巢穴，如果有其他动物接近，雏鸟的父母就会将自己一侧翅膀拖在地上，装出受伤的样子。掠食者看见"受伤的"大鸟，以为是送到嘴边的肉，于是马上前去捕猎。当掠食者快要捕到大鸟时，大鸟马上飞到不远处，继续拖着"受伤的"翅膀。掠食者继续向着大鸟追去，大鸟不断重复这样的套路，将掠食者越引越远，最终从巢穴引开。大鸟假装受伤引开掠食者的行为，没有思维显然是很难解释的。

干旱的非洲平原上没有一滴水，狒狒却在那里欢蹦乱跳，显然狒狒有水喝，但绝不会在有其他动物注意的情况下去水源地喝水。为寻觅水源，聪明的本地人就会在岩石上凿一个小洞，洞的大小刚好能让狒狒把手伸进去，但握成拳头就会被卡住。狒狒具有很强的好奇心，人在凿洞时它们就一直在附近看着。人在洞里放一些瓜子类的东西，一离开，狒狒马上就向洞里观察，发现是自己喜欢吃的东西，就立即伸手去抓。此时人立刻跑过来，狒狒慌乱之中握住瓜子的拳头无法挣脱。人将狒狒用绳套住并拴在树桩上，再扔一些盐块给狒狒。盐块也是狒狒喜欢的食物，狒狒拿起盐块就吃。吃完盐块不久，狒狒就口干舌燥，口吐白沫。人再将狒狒放开，狒狒此时已经口渴难耐，不顾一切地奔向岩石洞下的隐蔽水源。人一路跟随狒狒，找到了它们不想让人喝的水。狒狒知道水源地，同时又避免与其他动物分享水源，喝水时有意避开其他动物的注意，这样的心思显然也是拥有思维的表现。

动物的这些行为充分说明，思维不是人类所独有的，有些动物也有思维能力，如狗、狒狒和某些鸟等。

三、思维逻辑

  语言是信息表达与记载的工具，也是两个意识主体之间信息交流的工具。语言并不是谁的发明创造，它是高智商意识主体长期相互交流的必然产物。很多儿童在学说话期间会冒出自己的语言，他们表达的意思并不完全遵循成年人的语言习惯，如"我要玩木积（积木）""我鼻子聋了（鼻子不通了）"，还可能会把咖啡色说成巧克力色等。尽管这些表述在意义上没有问题，但它们不符合成年人的表达习惯，因此会被纠正。如果没有成年人的纠正，儿童一直这样说到成年，上述不合常规的表达就会成为他们正常的语言。其实，不同地区存在不同的语言习惯和发音，差异不大的语言称为方言，差别太大的语言称为外语。

  不管是方言还是外语，除了特殊的俚语、俗语、成语、习惯用语外，一般都可以通过翻译理解，不同的语言大致都遵循着共同的语言逻辑。语言的逻辑来自人们的思维逻辑，这说明，尽管人们有不同的语言，但思维规律大致是相同的。人类语言具有一定的逻辑，人的思维也一定有逻辑。没有逻辑的语言称为胡言乱语，没有逻辑的思维称为胡思乱想。语言逻辑反映了人的思维逻辑，语言逻辑也是思维逻辑的基本工具，没有语言很难进行复杂思维。

  动物没有丰富的语言，也就没有复杂的思维。如果说在身体能力方面人与动物各有所长，人类的思维能力则是动物完全无法比拟的。

  人的思维又以语言为基础，包括语音语言和文字语言以及工具语言等。语音语言和文字语言可以通过口述和书写方式表达，工具语言则是那些难以口述的语言，如数学方程、几何图形、空间结构等，它们可以通过不同媒介表达。除此之外，人的思维中还应该存在着更加抽象的语言，即无法言说，也无法通过工具表达的抽象信息，也就是有些人常说的感觉,是难以用明确的逻辑语言表达的抽象概念。

丰富的语音语言和文字语言以及工具语言,可以增强逻辑思考能力,然而语音语言和文字语言以及工具语言都是既有语言,产生的逻辑思维结果也都是在既有的、可预知范围内的。突破既有的、可预知的结果,往往需要突破现有的语言逻辑。新的抽象概念的产生,往往是创新思维的开始。创新思维往往突破现有的思维框架,既可以表现为突破现有规范,也可以是突破现有概念,有的甚至突破传统思维逻辑。创新性思维被封闭在大脑之中,当思维结果成熟后表达出来,往往呈现出天才的创新。如果是不成熟的思维结果,往往会表现出不成熟甚至混乱的思维逻辑,倘若自己对此不加以控制,便会成为人们口中的疯子。天才与疯子只有一步之遥,差别就在于对思维的外在控制力。创新思维通过自己内在的"疯狂"思维,将现有知识体系里不存在的概念和逻辑整理成人们可以接受的概念和思维逻辑,成为后人思维的逻辑工具。不能控制自己的疯狂思维,并且将不合常规的疯狂思维结果表露出来,将被人们认为是疯子。

自然界中能够被动物所食用的东西并不是取之不尽的,获取食物并将其吸收为体内的营养是动物努力的结果。为了节省身体能量的消耗,动物都不会做毫无意义的事情,比如不会无故乱跑,不会无故吼叫。人的思维活动也是一样,思维活动会导致身体能量的大量消耗,"成年人的大脑约占体重的2%,但根据人们在休息时的血液和氧气消耗量来看,大脑消耗了全身20%~25%的能量。"(《国家地理人类进化史:智人的天性》,〔美〕理查德·波茨 等著)大脑是人体耗能最多的器官,所以人不会进行没有意义的胡思乱想。"人的心理与行为是具有目的性和计划性的。人不会盲目地从事社会实践活动,而总是具有某种目的和动机,这种目的和动机以观念形式存于人脑之中。"(《心理学导论》,梁宁建 主编)也就是说,人的思维是有目标的,是受动机驱使的。

四、冥想

  不同领域的学者对冥想有着不同的解释，涉及冥想概念的领域包括佛学、瑜伽养生、心理学等。瑜伽养生领域的冥想概念是指抛去脑海里的杂乱意识，使内心进入深度的宁静状态。它使外部刺激降至最低，从而产生的特定心理表现，是内心"空"的心理状态。有时，练习瑜伽冥想的人需要在自己面前放一炷香，通过凝视面前的香使自己进入冥想状态，此称为观香冥想。有时通过播放特殊的瑜伽语音，通过专注于语音使自己进入冥想状态，此称为瑜伽语音冥想。不论是观香冥想还是瑜伽语音冥想，其过程更像是催眠。所谓的瑜伽冥想状态，更像是思维凝固、抽空灵魂的状态。抽空灵魂与真正的冥想，从外在表现来看有其相似性，都是对外部世界处于迟钝状态。但抽空灵魂要求大脑处于宁静状态，什么都不想，而真正冥想的大脑是深度思考、全速运行的大脑。将瑜伽中思维凝固、抽空灵魂的状态称为冥想，实际上是对冥想的不准确表达。

  从心理学角度看，冥想是一种强化的深度思维状态，它使意识专注于目标问题的思考，弱化对其他信息的反应。处于冥想状态的内心绝不宁静，冥想只是对外部信息反映迟钝，思想意识与外界处于半隔绝状态。与冥想接近的词语可能就是沉思，沉思虽然也是深度思考状态，但沉思状态的思想意识对外部信息并不封闭。相比于冥想者，沉思者对外部信息要敏感得多。

  梦是不受主观意识控制的思维幻境，与梦境不同，冥想是受意识控制的、具有一定目标的逻辑思维。由于处于冥想状态的人对周围事物反应迟钝，仿佛处于梦境状态，人们有时将这种状态称为白日梦。"白日梦状态是介于清醒状态与睡眠状态之间高度自我卷入的幻想活动。"（《心理学导论》，梁宁建 主编）白日梦并不是真正的梦，它是受主观意识控制的，具有一定"剧情"引导的遐想，具有一定的目标设计。白日梦内容可以包括可行的行为计划，也可以包括难以实现的幻想。

在中文的语义里，白日梦略带贬义成分，比白日做梦的贬义稍轻一些。尽管大家都懂得"冥想"一词的含义，但真正使用该词的情境并不多。与之相近的描述为深思熟虑、苦思冥想、深谋远虑等。然而，上述词汇与冥想的真正含义相差甚远，前者对问题的思虑深度远不及后者。

能够真正进入冥想状态的，只有一小部分人。真正的冥想具有严谨的思维逻辑、深入的思维发展。通过冥想，可以理清一些平时浅度思维无法理清的问题，解决一般思维难以解答的疑惑。很多灵光闪现、智慧火花，都是以冥想为基础，在一个特殊的时间点上反映出来。

例如，有些难题白天冥思苦想也得不到结果，夜晚做梦竟解了出来。很显然，如果不是白天的冥想，哪来夜晚的梦里解题？如果牛顿平时不对物理现象冥想，怎么会在苹果掉到头上时，灵光闪现发现万有引力定律？爱因斯坦一生并没有什么著名的实体实验，他的很多成果来自大脑实验室的思想实验。他想象如果速度达到光速会发生什么；他想象，处于自由落体电梯箱里的人，在重力加速度作用下会有怎样的感觉。与其说爱因斯坦的成果来自他的思想实验，不如说他的成果来自冥想。因为实验是一个严谨的过程，实验的器物和信息是可触、可视、可感的，某些人脑没有注意的细节，实验可以展现。而思想实验的所有信息都来自逻辑思维，任何的思维漏洞都可能导致完全不同的"实验"结果。这样缜密的思想实验，只能来自科学的冥想。

五、视觉图像与心理图像

人们常说：耳听为虚，眼见为实。绝大多数人都相信自己眼睛所看见的东西。人们看见的视觉信息是光线在视网膜成像，通过神经系统传导到大脑，通过大脑的进一步处理，最终在大脑中形成的视觉认知。如果大脑的图像处理方式不同，产生的视觉认知就可能存在差异，也就是眼睛看见的未必完全是真实的。

筷子斜放入水里，我们看见的筷子是弯的，而当观察者有了一定的光学折射知识后，在心理认知的作用下仍然会认为"看见"的筷子是直的。沙漠里看见的海市蜃楼近在眼前，而当观察者有了一定的大气折射知识后，他的心理认知就会清楚真正的大海远在天边。早晨的太阳比中午的太阳看上去更大，因此人们容易认为早晨的太阳比中午太阳离我们更近，而当观察者有了一定的天文知识后，如果忽略地球的半径误差，他眼中早晨的太阳与中午的太阳与我们的距离几乎是一样的，如果把地球的半径也考虑在内，他眼中早晨的太阳比中午的太阳离我们更远。人们在观察太阳和月亮时，视觉上认为太阳和月亮一样大，而当有了一定的天文知识后，再观察太阳和月亮，再加上心中的冥想，就会在心里"看见"太阳是巨大的火球，而月亮是渺小的岩石。

我们看见的立体影像，是在每一只眼睛的视网膜上分别产生的两个不同的平面影像。几乎所有长眼睛的动物都有左右对称的双眼，动物通过双眼的视觉差产生立体视觉，并目测距离。如果闭上一只眼，另一只眼睛的视网膜上只能形成一个平面影像，然而单眼的平面影像在人们的感觉中仍然是立体影像。实景的立体影像在单眼的视网膜上形成的是平面影像，平面影像经过神经系统传输到大脑，大脑根据原先的视觉经验，将其重新构建成立体影像。也就是说，用单眼得到的平面影像与心理重构立体影像，实际上是不同的。

很多时候，对于冥想的问题，实际上并没有真实的实物对象，也就不存在可以产生视觉的影像。人们往往借助内心的虚拟视觉辅助构建出冥想的心理影像。心理影像信息不是来自眼睛，而是来自大脑。比如你想设计一件服装，被设计的服装并没有样品可供参考，这时候，人们一般首先在内心想象出衣服的影像，包括款式、颜色、质感等，然后将其呈现在纸上或电脑上。工程设计从业者内心所构建的不仅仅是静态的立体影像，同时还是符合运动规律的动态影像。

六、读心术

"读心术"这个词，来自神话传说中的仙术或妖术，后来成为了占卜师、算命先生的谋生手段，现在也被职场、商场人士用来揣摩人心心理活动，同时，它也是心理医生诊断和治疗心理疾病的重要依据。

懂得读心术的人不用别人明说就可以猜到对方在想什么。其实并不只有神仙妖精才会读心术，普通人或多或少也都具有一定的读心能力。有些时候从别人的一个手势、一个眼神、一个表情中就可以知道他在想什么，他想做什么，这就是心领神会、心照不宣，暗示也是读心与被读心的表现。有的时候一个人心口不一，别人也能猜到他的真实想法。

人的思维具有一定的规律性，不同区域、环境、年龄、阅历、文化等，会导致不同的思维方式。相同条件的不同个体，思维也可能存在一定的差异，即便如此，思维仍然具一定的规律。在遇到同一个外部事件时，各自的思维结果具有一定的一致性。思维的外在表现也有一定的规律性，通过表情、眼神、肢体等反应，根据自己在同一环境下的思维结果，可以大致判断出对方的想法。

有些心理解读则是经验的总结，多半情况下，阅历较深的人容易解读阅历浅的人的内心。例如：妈妈出门时叮嘱女儿，好好做作业。妈妈出门后女儿做完作业，经不住电视的诱惑，偷偷打开了电视机。妈妈突然回来，女儿赶紧关闭电视机，若无其事地告诉妈妈作业做完了，而内心却很紧张，生怕有什么破绽被妈妈看出。其实妈妈自从回到家，就从女儿慌乱的眼神、移动了位置的电视遥控器、电视机的微微余热这些现象判断出女儿看电视了。但妈妈并没有点破，而是告诉女儿并不是完全不能看电视，只要完成了作业，适度看电视也是有益的，并且检讨自己忘记告诉女儿，做完作业是可以看电视的。女儿也坦白了自己做完作业后看了电视。虽然没有因看电视而受到责怪，但女儿内心也清楚，妈妈肯定一回来就已经知道自己看电视了。女儿认为妈妈太厉害了，自己什么也没说，房间里什么破绽也没有，妈妈怎么就知道自己看过电视？

女儿认为妈妈一定会读心术，导致女儿不敢在妈妈面前说谎。当然，只要不是故意做错事，妈妈总是安慰和开导，这也使得女儿没有必要说谎。长期如此，使得女儿心胸坦荡，不会眼角看人，不会心存算计，把诚实当成理所应当，把说谎当成可耻。其实再精明的父母，也不是每一次都能知道孩子说谎的。如果严肃逼问，上纲上线，将导致孩子内心恐慌，产生罪恶感；如果父母故意不点破，而是用其他善意的方式引导，对于合理的诉求给予理解，孩子将会认为没有必要说谎。

很多父母都能知道年幼子女的小心思，大多数父母都能读懂年幼子女的内心。这是因为年幼子女内心简单，心思不深，父母通过简单的对话、表情、眼神、情绪就可以判断出孩子在想什么。等到孩子进入中学，进入叛逆期，父母就不容易猜透孩子的内心了。有些父母因不了解孩子想什么，又担心孩子误入歧途，想方设法了解孩子的真实内心，找老师、同学、好友侧面了解孩子思想，真是可怜天下父母心。心中有秘密，说明有了强烈的自我意识，有了自己独立的思想和人格，开始迈向成熟。

不同个体的思想交流需要语言工具，包括语音文字语言、工具语言、肢体语言等。没有语言，使得不同个体的思维只能封闭在各自的大脑内部，其他个体难以感知彼此的内心，只能通过一些外在表现来猜测。我们不知道读心术是不是人类独有的技能，动物没有丰富的语言，无法与人进行深入的内心交流。或者动物原本就没有深入的思维，因此也就没有丰富的语言，也就不存在深入的思想交流。

人类思维的共同规律，使得读心成为可能。人类思维的共同规律还反映在不同地域、不同文化相互隔绝环境下，人们的共同概念。尽管世代隔绝、彼此没有文化交流、语言不通，但不同族群都认为或曾经认为，死者的亡灵会变成鬼，每个族群都有自己的神。世界上从没有人见过鬼，也没有人见过神，但彼此隔离的人群都产生了鬼的意识、神的概念，说明鬼神并不是文化的产物，它是本能的产物，是人们相同思维规律的产物。

尽管动物没有丰富的语言、复杂的思维，但动物的一些表现也能够反映出读心术的现象。与人亲密相处的宠物狗，在特定时间、特定场合，也能从主人的一些举动，猜到主人的意图。吃饭时，桌上的人说鸡头难啃，给狗吃吧，话音刚落宠物狗马上就跳起来，它是听懂人类的语言了吗？狗狗把沙发弄乱，或做了其他错事，就会察言观色。如果主人和颜悦色，话音平常，狗狗就与主人保持亲昵。如果主人盯着狗狗，话带疑问，狗狗就低头夹尾躲到一边。当主人吃完晚饭起身准备去拿狗绳时，有的狗马上就欢蹦乱跳，它已经知道主人要带它出去散步。有些主人疑惑，狗难道也会读心术吗？狗可以通过主人的语言、表情、动作判断主人的意图。狗与主人长时间相处，已经掌握了主人语音、表情、行动的规律，从而表现出读心的现象，这说明狗也是有简单读心能力的。

狮群捕猎时往往会相互配合，它们有的正面追击，有的侧面夹击，有的迎头堵截。它们没有语言，完全凭经验默契配合。足球场上的球员，某一球员拿到球，其他球员就知道怎样跑位，怎样配合。狮群捕猎，球员配合等都不需要语言，都可以心照不宣地默契配合，都会无师自通的读心术。

知己知彼，方能百战不殆。知己，容易理解，就是要清楚自己的实际能力，清楚自己可用的手段和资源，清楚自己的优势与不足，清楚自己如何进退。知彼，意味着不仅要清楚对手的硬实力和软实力，清楚对手的时空信息，更要清楚对手的心里盘算和谋划。军事指挥高手一定也是读心术高手，军事指挥艺术除常规的战争法则外，更重要的是揣摩对手的心理、对手的谋划、对手的应对之策。打仗前，指挥官都要了解对方是什么部队，对方的指挥官是谁。不了解对方指挥官内心，会使得用兵困难，士兵呆若木鸡。读懂对方指挥官内心，更能够发挥己方的优势，将自然中的一草一木为己方所用。在用兵方面，无谋者兵皆草木，善谋者用兵如神。

七、自我意识

自我意识是自我觉醒的产物，它是一种抽象意识。在现代心理学出现以前，人们只能感知自我，却很难具体描述。在自我意识概念出现之前，世界各地的人都已经有了自我意识的心理感知，人们想象中的自我意识可能就是灵魂。灵魂与自我意识一样，都是看不见摸不着的东西。早期的人们认为灵魂是独立存在的意识主体，甚至可以游离于肉体之外。肉体死亡之后，高尚的灵魂升天堂，平凡的灵魂转世再生，罪恶的灵魂下地狱。

朦胧的自我意识可能难以区分"我"与我的身体，将我的身体当成"我"。从意识定义来看，身体只是意识的载体，我的身体也是自我意识的载体。就像我的房子属于我，我居住在我的房子里，但我的房子并不是我。"我"是一个意识主体，"我"独立于我的身体。

具有清醒自我意识的人知道"我"是谁，"我"在哪儿，将"我"看作独立存在的意识主体，并且知道什么是"我"，什么是"我的"。我的身体有时可以用"它"作为代词：我的身体是属于我的，它是我意识的载体，它的某些部分是可以丢弃的，头发长了可以剪短，乳牙脱落可以扔掉等，但意识主体的"我"在任何情况下都不能丢弃。

庄周梦蝶是一个成语，出自《庄子·齐物论》，"昔者庄周梦为胡蝶，栩栩然胡蝶也，自喻适志与！不知周也。俄然觉，则蘧蘧然周也。不知周之梦为胡蝶与，胡蝶之梦为周与？周与胡蝶，则必有分矣。此之谓物化"。这段文字的大意是：某天庄周做梦变成了一只蝴蝶，蝴蝶翩翩然飞舞着，自感很惬意，竟然忘了真实的自己。一会儿醒来，梦境的情形还在他的脑海里。他竟不知自己是做梦变成了蝴蝶呢,还是蝴蝶做梦变成了庄周？

庄周梦蝶其实反映的是自我意识中"我是谁""我在哪儿"的问题。如果不和真实世界发生联系，脱离真实世界的各种信息，梦境思维可以不受环境约束，畅快想象。真实世界里的思维会受现实信息的影响，必须符合现实规律。当现实中突然遇到不可思议的事情，人们往往会疑惑自己是处于真实的世界，还是处于梦境中，于是想办法用真实世界的信息进行判断。一般而言，疼痛感在真实世界里是强烈的，在梦境中是虚拟的、是轻微的。所以有人使劲拧一下自己，或者让人别人打一下自己，以确定自己是不是在做梦。这说明在成熟的个体中，大脑储存了丰富的外部世界信息，在暂时脱离外部信息时，利用大脑已存储的信息，意识仍然可以独立运行。

八、动物的自我意识与测试

自我意识是看不见摸不着的心理现象,被封闭在肉体里。人们可以通过语言交流,了解彼此的内心。怎样知道无法思想交流的动物是否存在自我意识,这是个难题。无法与动物进行语言交流,人们只能通过动物的某些外在反应来推断它们是否存在自我意识。根据相关资料和报道,镜子测试是比较流行的自我意识测试方法。

实验时让被测试动物照镜子,并且将一些明显的标记放在动物头部,有些动物可以知道镜子的影像就是自己,它们甚至会侧过身去观察平时看不到的身体部位,用肢体去触碰自己头上的标记,而不是触碰镜子里的标记。几个月大的孩子照镜子,他们会对镜子微笑,或转过头对着大人微笑。孩子的微笑通常表示他们已经知道镜子里的影像就是自己。有的孩子还会将镜子翻过来观察,甚至将镜子扔到地上打碎。他们一定是想弄明白,自己是怎么跑到镜子里去的。这些反应足以证明,某些动物和人类幼儿能够认识到镜子里的影像是自己。

然而也存在让人难以理解的测试结果——某些被认为具有较高智商的动物没有通过镜子测试,而某些被认为智商较低的动物却通过了镜子测试。例如,有些大猩猩并不认识镜子里的自己,某些宠物狗和宠物猫会攻击镜子里的自己。而某些鱼却能够认识镜子里的自己。

镜子测试真的能够反映动物的自我意识吗?自我识别真的能够证明自我意识的存在吗?自我意识并不是视觉上的自我识别,而是脱离肉体的意识存在。动物可以认识自己的肉体,但是否能够感受到自己的独立意识?镜子测试究竟是身体认知测试还是心理认知测试?自我意识不仅是对自己躯体的认知,更是对自己意识的认知,对自己内心的认知。

不仅镜子可以产生镜面反射,自然界的水面也可以。陌生的雄狮见面通常会打架,但它们在水边喝水时不会攻击水里的自己。水鸟在河边捕食,只会捕鱼虾,不会关心水影里的自己。猴子捞月只是一个寓言故事,现实中并没有发现真正捞月的蠢猴子。

陆地的丛林法则是弱肉强食,水里的海洋法则是大鱼吃小鱼。水与空气的交界面会形成镜面反射,从空气中向水里看,可以看见空气中物体的倒影,从水里向空中看,也可以看见水中物体的倒影。接近水面的鱼自然就可以看见水面反射的自己和其它鱼的影像,然而它们并不会关心影像里的自己和其他鱼,大鱼不会去吃水面反射的小鱼倒影,只会攻击水里的真实小鱼。经常在水面照镜子的动物,都可能识别镜子里的影像与真实的实物。

所以,用镜子测试动物的自我意识的方法存在漏洞,它只能测试动物是否能够识别镜面反射影像与真实的物体。

也有人认为,某些家养宠物具有嫉妒心理,从而推断它们具有自我意识。有些宠物狗不允许主人亲近其他狗,当主人亲近其他狗时,它们会表现出生气或挤走其他狗的行为。我们不知道上述行为是嫉妒心理的表现,还是领地意识的表现。有时别人去动狗窝或狗食盆,狗也会表现出生气或用身体阻挡别人的行为。特别是母狗有了小狗之后,别人动它的小狗,母狗的上述反应更加明显。也许在宠物狗看来,主人的身体与狗窝一样,都属于自己的领地。宠物狗的上述反应,不一定是嫉妒心理的表现。

迄今为止,并没有真正找到具有说服力的测试方法证明动物具有自我意识。所以,我们并不能真正确定动物是否存在自我意识。

由于意识具有封闭性,人与动物没有语言可以交流,所以人也无法直接知道动物是否存在自我意识。即使是不同语言的人,思想交流也比人与动物交流容易得多。有的时候,人们甚至不用说话,也能大致知道对方的心思,这称为心有灵犀。需要进一步交流时还可以借助肢体语言、表情、眼神等。例如:点头表示同意,摇头表示反对,微笑表示理解了对方的意思,用手指向自己表示我,指向对方表示你,指向第三人表示他/她,手指的指向表示心中的主体目标等。

人们用点头、摇头、微笑、手指等表达意思是再简单不过的事。然而除人以外,没有发现任何其他动物会有上述表现。这说明动物没有肯定、否定、理解、你、我、它的概念,也不能表达心中的目标。虽然有的狗能够看懂主人所指的目标,但没有狗能够表达自己心中的目标。这些表现可能也预示着动物并没有自我意识。

九、单重自我意识与多重自我意识

儿童通常知道什么就说什么,不懂得隐藏自己的内心,不懂得包装自己的言行。有些孩子即使做错了事,闯了祸,明白被大人知道会受责罚,当大人问起祸是谁闯的,还是会第一时间说出真相。有的闯祸孩子可能第一时间被吓哭,但他们仍然不会说谎。孩子们可能会因闯祸而感到害怕,但不会因做错事而感到羞耻。

人的选择性思维通常表现为两个或两个以上独立的意识思维。各个独立的意识就像独立的人,它们有不同的想法,一起讨论甚至争论,权衡利弊,最终做出正确选择。在人群的集体选择中,最终的决定并不一定是一致的决定,很多时候也是妥协的结果。成熟大脑的选择也是一样,也是多个独立意识"讨论"妥协的结果。

儿童未成熟的大脑没有多个独立意识,只有单重自我意识,儿童的选择在大人看来都是"不假思索"的。

从这里可以看出,人的自我意识不只有一重,而是相互独立的多重。独立自我意识的多少,随着人的大脑的不断成熟而逐渐增加。

一个稳定的人类群体结构,如一个企业,尽管其内部的个体有不同的独立思想和独立人格,但群体中总是会存在统一意志的领导者。在一个时期内,其外在表现和思想表达是相对一致、相对稳定的,朝令夕改是群体不稳定和领导者不成熟的表现。人的多重自我意识也有类似的现象,在多重自我意识中,总会存在一个主体自我意识。个人的人格、思想等外在表现都会由主体自我意识表达,并且在一个时期内相对稳定。如果多个独立自我意识各自表达,反映出的就是人格和思想的不稳定,也就是人格分裂。

每个成熟的企业中存在许多具有独立思想的个体,只要企业的外在思想表达是稳定的，企业管理就表现出有序性。如果企业内部各种思想独立表达，它的外在反映就是企业管理的混乱。

医学和心理学将人格分裂与多重人格看心理疾病。实际上每个成熟的大脑都会存在多重自我意识，每一个自我意识都会有自己的人格，汇集在一起就是多重人格的内心。由于意识具有封闭特性，只要自我意识不表现出来，外人就无从知晓。只要人格表现稳定，别人就会认为是正常的。所谓人格分裂或多重人格疾病，主要是在较短时间内，反复出现不同的人格表现，并且自己无法控制。

动物或许根本没有自我意识，所以动物不会出现人格分裂。即使是其大脑先天不足或受损，也不会出现人格分裂现象，只会出现智力不足、行为能力低下等现象。

多重自我意识是导致内心冲突的根源，由于内心有多个不同的自我存在，当多重的自我思维面对相同问题产生不同的思维结果时，则会出现举棋不定，纠结，自相矛盾等心理现象。行为结果与愿望出现冲突时，会产生自省、自责、反思、羞耻等心理，严重的心理冲突甚至会导致自伤、自残等行为。"正确"的自己用自责甚至是肉体的痛苦来惩罚"错误"的自己，具体表现为后悔和懊恼，用手敲打硬物、敲打自己，甚至用脑袋撞墙等方式。

由于医学和心理学并没有明确将内心的多重自我意识和人格定义为正常或不正常，并且一般人也没有多重自我意识和多重人格的概念，将内心的多重人格与外在的多重人格表现等同看待。当自己内心的多重人格被他人窥视时，就会产生羞耻感。例如，一个沉稳的人遇到特别令人兴奋的事情，都会克制内心的兴奋，给人荣辱不惊的表现，只有在没人的时候才表现出来。如果得意忘形的表现恰巧又被别人发现，便立刻产生羞耻意识。多重人格的内心并不是疾病，只有多重人格的外在表现才是疾病。

群体内部的多种思想观点是群体活力的源泉，它可以为群体提供更多智慧的决策。只要群体内部的各种思想活动不外溢，对外保持稳定的理念和风格，群体就是正常稳定的。人的多重自我意识也一样，多重自我意识是人思维活跃的源泉，具有多重自我意识可以使人的思维呈现出丰富性和复杂性。只要多重自我意识的内心反应不外溢，对外保持稳定的人格，就是正常稳定的。大脑内部的多重观点是有益的，它是思维活跃的表现。

十、羞耻意识

人们很在意自己在别人心目中的形象，这也是多重自我意识的表现。动物看见别人就是别人，不会去想别人心目中的自己，也就不会产生心理冲突，不会产生羞耻意识。而人很在意自己在别人心目中的形象，即使是那些宣称只为自己而活、不在意别人怎么想的人，他们不在意的仅仅是自己允许不在意的东西，用所谓的性格将自己与外界屏蔽开来，而实际上很在意自己在别人心目中的形象。这不是主观意识决定的，而是多重自我意识的本能决定的，是人类无法改变的基本属性。

羞耻意识是多重自我内心冲突的表现。羞耻是心理活动，它既可以完全封闭于内心，也可以表露于外形。单重自我意识不会产生内心的冲突，也就不会产生羞耻意识。只有成熟的人类大脑才会有多重自我意识，所以羞耻意识只产生于心智成熟的人。

羞耻心是对内心隐私的保护，是对不被认同的担心，一般产生于内心不愿示人之事被发现时，例如谎言被识破，内心不高尚的意图被看穿，言语、行为、形象等表现不当而颜面受损等。

中国人常用失去"脸面"来表示羞耻现象，如"丢脸""颜面扫地""无地自容"等。这说明羞耻与暴露有关，人在羞耻时感觉脸没地方放，女人用手捂脸，男人想方设法躲起来。因为脸上长着眼睛，眼睛是心灵的窗户，通过眼睛最容易观察内心，内心的活动也最容易通过眼睛流露。人感到羞耻时，眼睛也是尽可能避免与别人正面接触，尽可能躲避别人的目光。当怀疑别人说谎时，我们通常要求别人"看着我的眼睛说话"，这说明谎言所表达的并不是内心真实的内容，这种表里不一的表达容易造成内心的冲突，从而造成表情的紧张和眼神的慌乱。女人羞耻时习惯捂脸的另一个原因就是，羞耻时的脸色会有明显的变化,这种变化很难受意识控制,又很容易被别人看出来。

　　人的内心有多个不同的角色,内心见不得人的自己,是无法展示出来的自己,即使在隐私空间表现出来也是可耻的。有些自我意识强、道德要求高的人,即使产生低俗意识的"一闪念"便会感到羞耻。这种内心的羞耻感,来源于内心见不得人的自己被内心高尚的自己看穿,来源于内心低俗的自己让内心高尚的自己失去尊严。孔子曰:知耻近乎勇。内心具有羞耻意识的人,一定是良知未泯灭的人。

十一、害羞意识

由于害羞与羞耻都有躲避他人的内心想法和外在表现，因此很多人混淆害羞与羞耻的概念。害羞与羞耻不同，害羞的内心并没有罪恶感，而仅仅是怯懦的躲避心理，是弱势对强势的回避，是内心不强大的人常有的表现。羞耻具有自责、被指责、被排斥的特征。指责、排斥可以来自别人，也可以来自内心不同的自我。它是主体自我意识与实际表现的冲突反应，或者是主体自我意识与另一个自我意识的冲突反应。羞耻可来自自己的内心，也可以来自他人的强加。害羞只来自自己的怯懦与躲避，没有耻的成分。

小孩子看见陌生的大人会害羞，这是由于他们具有躲避陌生大人的心理。当陌生的大人与害羞的小孩相互熟悉了，害羞心理与表现也就随之消失。初次处于舞台、讲台等众目睽睽的突出位置，人们往往会有害羞的表现。随着年龄的增长，阅历的增加，孩子的害羞表现也就逐渐减弱。

当少男少女遇到自己心仪的异性时，通常会有内心紧张忐忑的反应。为了掩饰内心的紧张和忐忑，通常会避免与心仪的异性目光正面对视，他们担心自己的内心被对方看破。他们既喜欢对方，又要隐藏自己的内心。他们既希望对方注意自己，又害怕对方注意自己。这种矛盾冲突的心理往往就是他们害羞的根源。

十二、性羞耻

人对自己的性感部位普遍存在羞耻感。这是因为性心理的外显往往不受人意识的控制，在看到或碰到性感部位后的心理反应很难掩饰，容易被别人看穿。包裹着衣服能够"坐怀不乱"就已经算作君子了，可见凡夫俗子遇到异性裸奔必将方寸大乱。不论是自己性感部位的暴露，还是看见别人的性感部位，人们都很难掩饰内心的反应。即便是控制能力强、外表镇定自若的人，别人也能感知其内心的真实感受。

人们普遍的性羞耻意识，导致人们倾向于回避与性直接相关的问题，表达时尽可能采用含蓄、隐晦、暗示、意会等方式进行，即使是裸体艺术也尽可能巧妙地遮挡性部位。许多文章和作品尽可能避免直接谈论性有关问题，人类的高等文明现象更是希望远离性与繁殖等生物底层的本能。许多科学家并不认同弗洛伊德的泛性主义，并不认为人的各种行为的根源都来自性。他们认为人类的许多活动已经超越一般生物的物质需求与生理需求，是为了满足人的精神需求。然而根据爱德华·伯克利《动机心理学》的观点，"许多科学家认为，生育和繁殖本能驱动着人类的大部分行为"。性的原始目标是繁衍，它是动物一生中最重要、最关键的活动之一，对有些动物动物来说，它甚至是一生的终极目标。雄螳螂生命的终极目的就是交配，许多雄螳螂在交配过程中头部就已经被雌螳螂吃掉，仅靠神经系统继续完成尾部的交配。雌螳螂生命的终极目标就是产卵，雌螳螂产完卵就马上死去。

人的性活动与动物有很大区别，动物的性活动目标是繁衍后代，性行为的驱力是单纯的生理需求。人的性活动目标不仅仅是繁衍后代，性行为不仅是生理需求，更是精神需求。

儿童可以受成年人的影响而产生羞耻意识，但这种羞耻意识仅仅来源于道德范畴，并不是本能。当儿童长大进入性成熟阶段，性羞耻意识会逐步加强。因为性成熟后的性羞耻意识不仅来源于道德规范，同时更受生理与本能的支配，很难完全受自己的意志控制。从本能的特点看，本能只会在合适的时候才会被唤醒。在儿童时期，性意识处于休眠状态，所以性羞耻意识也是朦胧的。性成熟后，随着性意识的觉醒，性羞耻意识也随之被唤醒。

十三、羞耻与文明

羞耻意识是一种心理保护性反应，而这种保护性反应对于社会中的人是有益的。有了羞耻意识的保护，个人的行为举止就容易被群体所接受，不知羞耻就容易遭到群体的排斥。所以，对于社会群体中的人来说，羞耻是一种本能反应。

出于性羞耻意识，人们需要对性部位进行遮挡，这一需求促使了衣服的出现。衣服出现后，人们用衣服美化自己，慢慢地时尚意识出现了，现代文明社会变得更加丰富多彩。

在饮食行为上，人们也会有一定的掩饰。如在严肃的场合，仅一人吃喝是不雅的，饕餮盛宴只能在就餐场合或私自空间享用。即使是一起用餐，古人也要用宽袖进行遮挡。笑是内心反应的外在表现，虽然这种表现被绝大多数人认同和接受，但笑的分寸有时也需要把握，古代人在笑的时候会用宽袖进行遮掩，即使在现代开放的社会，大笑时也不能无所顾忌地张开大嘴露出大牙，或多或少需用手适当遮挡。

如果说羞耻来源于个人行为与社会规范之间的差异，当差异消除后，羞耻感也就消失了。在食品长期匮乏的时期，喜欢吃，常被看作是羞耻的。好吃懒做、吃喝嫖赌、偷吃扒拿、吃里扒外、吃相难看等与吃有关的词多为贬义词。因为处于社会的人不能只为自己考虑，面对匮乏的食物，更应该考虑其他人的需要。在考虑他人和满足自己的冲突下，选择只满足自己的需要，就会成为羞耻的行为。随着食物不断丰富，饮食不再是沉重的负担，个人的需要与社会能够提供的资源不再冲突，食欲大发时就不会再有羞耻的心理。

十四、梦境记忆与儿童心理

人们发现，很多人会忘记大多数梦境，尤其是陈述性梦境，也就是生活流水账似的梦境。大多数人对陈述性梦境的记忆几乎是一片空白，即使醒来时有意识回忆梦境内容，通常也是想起后面忘记前面，明显感觉梦境内容快速消逝。特别是当你从梦中醒来时，朦胧中感觉自己还记得梦境，但如果此时想刻意将梦境转换为清醒的记忆，梦境内容便迅速流走，仿佛被快速擦除。一般认为，每个人都会做梦，那些声称从不做梦的人，只是在醒来前就已经忘记了梦境。

容易被记住的梦境是思辨类梦境，如逻辑性较强的辩论、非胡搅蛮缠的吵架、逻辑性较强的解题和设计等。陈述性梦境只有单重自我意识的参与，思辨类梦境具有多重自我意识的参与。

能够被记住的陈述性梦境，一般是离奇、刻骨铭心的。这一类梦也最容易惊醒，当梦境剧情愈演愈烈时，清醒意识也逐步加强，清醒记忆也逐渐参与梦境剧情。当清醒意识与清醒记忆达到清醒临界点时，人便突然从梦中惊醒。这样的梦境中已经不完全是梦境思维，而是已经混合了清醒思维。在有清醒思维参与的梦境中，有些人已经能够意识到自己在做梦。当清醒思维逐渐活跃时，人便会进入清醒状态。由于离奇的、刻骨铭心的陈述性梦境有清醒意识的参与，完全醒来后，离奇的、刻骨铭心的陈述性梦境不会被马上忘记。即便人们可以记住刻骨铭心的陈述性梦境情节，但又多少可以成为终身记忆呢？

3岁后，儿童产生多重自我意识，逐渐有了是非、羞耻、自省、自责等表现，说谎现象和思辨意识也随之出现。人的最早记忆也是从3岁开始，3岁之前的记忆基本是一片空白。

梦境记忆与终身记忆有类似的特点，单重人格的梦境会很快忘记，单重人格时期的儿童记忆同样容易忘记。人们无法重现 3 岁以前的记忆，也很难知道自己 3 岁以前的思想意识究竟是怎样的，也无法通过回忆去体验 3 岁之前儿童的思维和心理。采用各种方法测试得到的也仅仅是间接性结果，成年人很难身临其境地体验形成终身记忆前儿童的内心世界。由于梦境记忆与儿童记忆有很大的相似性，也许我们可以通过陈述性梦境思维来研究儿童心理。

也有观点认为，人类婴儿都是早产儿，按照一般的动物生育规律，人类的婴儿应该到 3 岁才出生。3 岁以前的儿童属于未成熟婴儿，各种特征属于临时性的存在。只有到了 3 岁以后，各种生理特征和心理特征才算是真正特征。3 岁以前的记忆都是临时性记忆，3 岁以后的记忆才是真正的记忆。那么我们也可以认为，梦境记忆是临时性记忆，清醒记忆才是真正的记忆。我们同样可以利用 3 岁前儿童记忆与梦境记忆的共同特点，通过梦境心理研究儿童心理。

十五、学习意识

学习属于文化范畴的概念，但学习行为并非人类所独有，有些动物也有学习行为。当一只黑猩猩知道用石头可以砸开坚果后，该群体的其他成员也很快通过观察模仿，学会用石头砸开坚果的技能。如果该技能被其他族群的黑猩猩看到，其他黑猩猩也可能会跟着学。黑猩猩是否学习模仿，取决于学习模仿得到的回报。人类也会通过训练的方式驯化其他动物，在这种情况下，动物的学习行为既可能是自愿的，也可能是被迫的。

科学家曾经设计了一套装置，用以测试黑猩猩和人类儿童的学习能力。倘若被试者可以完成对一套复杂设备的操作，即可得到一块软糖。测试结果发现，黑猩猩和人类儿童都可以通过复杂操作得到软糖。经过多次操作，黑猩猩居然还能跳过中间的无效操作，只进行有效的操作得到软糖，而人类儿童并不关心中间的无效操作，每一次都是按照老师的操作步骤完成全部操作。这样的测试结果让研究人员感到困惑，黑猩猩跳过无效操作的行为证明，它们已经能够真正识别因果关系，有一定的抽象思维能力。而人类儿童却没有表现出关心因果关系的现象。这难道是黑猩猩在逻辑思维方面有超过人类儿童的迹象吗？

通过进一步观察发现，在整个测试过程中，黑猩猩只对最终得到软糖的结果感兴趣，对过程并没有兴趣，这也许就是黑猩猩很快跳过中间无效步骤的原因。而人类儿童则是对操作过程更感兴趣，对最终得到的软糖并没有什么兴趣。这也许就是人类儿童不放弃中间过程的原因，最后得到的软糖代表了操作成功的成就感。从动物与人类行为的一般表现看，动物只关心行为的结果，并不关心行为的过程。人类不仅关心结果，更关心过程，特别是当结果欠缺吸引力时，过程往往成为人类行为的主要动机。

通过对动物的训练人们发现，为了让动物快速掌握人类教授的技能，通常要用食物做为引诱。马戏表演中，狗熊每做一个动作，驯兽师都要给一点食物作为奖励。

而人类儿童的学习动机往往来源于兴趣爱好，来自好奇心，他们总是纠缠着大人问这问那，晚上不讲几个故事不肯睡觉。即使上学后学习不再完全是孩子的主动行为，很多家长也不会用食物引诱孩子学习，更多的是以表扬鼓励为手段。

动物的学习动机是为了得到食物，是物质需求，人类的学习动机是为了得到表扬和鼓励，是精神需求。比起动物，人类儿童更关心得到成果的过程。这也反映在动物的生命追求上，动物一生只追求最后的交配与繁衍，对生命的过程与完成最终目标的手段并不关心。而人类在意生命的过程，追求过程中的意义，而明白最终的结局只是自然安排的结果。

第五章

服装动机

服装是人类独有的文化形态，是人类文明的重要象征。"远古时代的实证资料虽然还不太充分，但可以推断，大约50万~40万年前的旧石器时代，人类就已经开始穿用衣物了"（《服装学概论》，李当岐 编著）。虽然我们不知道服装产生的具体时间，但根据不同族群的共同特征来源于共同祖先的原理，我们可以推断现代世界各地的人类族群扩散之前，人类就已经有了衣服。据考古发掘，尼安德特人也是穿衣服的，这说明衣服最晚是40万~35万年前，智人与尼安德特人从他们的共同祖先——海德堡人那里继承的遗产。尽管世界各地人类的不同族群有不同的衣服，有的高贵华丽，有的简单粗糙，有的仅仅只有一块遮羞布，但世界各地的族群中几乎没有完全不穿衣服的。

服装是如何产生的，人类为什么要穿衣服，即服装动机，一直是人们思考的问题，也是服装教科书必然讨论的问题。然而，针对人类的服装动机，至今没有形成权威的、统一的认识，仍然存在着不同的学说和观点。

一、身体保护说

　　这种说法认为，人类为了保护身体而创造了服装。人类需要抵御寒冷、酷热、干燥，在采集狩猎过程中，诸如岩石、荆棘、猎物、昆虫等会对人的不同部位或器官造成威胁，直立后，人类性部位尤其缺乏保护，于是人类发明了不同的保护性衣服，来保护头部、躯干、四肢及性部位等。

　　这种学说认为，人类为了适应气候环境或为了使身体不受外物伤害，而从长年累月的裸态生活中，逐渐进化到用自然或人工的物体，来遮盖和包装身体。有些观点认为，衣物的产生并非仅仅由于寒冷，而是由于人类的直立行走。四足爬行的动物，性器官藏在身体的末端或下部，而直立人类的性器官则是暴露出来的。为了保护性部位不被外界物体所伤害，人类发明了腰布把这部分保护起来，这就产生了最初的衣物。

　　远古类人猿原本是长满体毛的，体毛既可以保暖，又可以保护身体免遭侵害。体毛如此重要，人类祖先为什么既要褪去体毛使身体失去保护，又要用动物的皮毛来保护身体呢？为什么要多此一举呢？

　　假使人类穿衣仅仅是为了保护性器官，以使人类可以持续地传宗接代。动物也需要传宗接代，动物的性器官也很重要。动物四肢爬行，性器官离地面更近，快速奔跑时更容易受到荆棘、岩石等物体的伤害。直立行走的人类，腿比同体重的动物更长，性器官距离地面更远，奔跑速度也没有其他动物那么快，性器官受到外界伤害的可能性比其他动物更小。而动物对性器官并没有特别的保护，只有人类才特别保护性器官。对于直立行走的人类，只有男性性器官才是完全暴露的，直立行走的女性，其性器官比爬行状态下隐藏得更好。同时，狩猎这样的剧烈运动是男性的活动，女性基本不参与。为了保护性器官，男性应该比女性更需要穿衣服。而实际情况是，女性比男性更需要穿衣服。

二、气候适应说

寒冷地区的人类需要穿衣保暖，例如，10万~5万年前的尼安德特人是穿衣服的，莫斯科附近冰冻岩层发现的两具10万年前的少年遗体是穿衣服的，距今4万年~1万年前法国的克罗马农人是穿衣服的，2.5万年前北京山顶洞人的遗址出现了缝制衣物的骨针等等，这些信息都可以作为保暖御寒衣服存在的直接证据和间接证据。然而，上述发现衣服的地区都属于高纬度地区，穿衣保暖是生存的必要手段。将高纬度地区人类的穿衣动机解释为世界各地所有人群的穿衣动机是不全面的。当然也有观点认为，穿衣是为应对沙漠气候、防止体内水分蒸发的。

该观点与身体保护说类似，都存在不能自圆其说的矛盾。原本长毛的远古人类，在气候不断变化的环境里先褪去体毛，使身体失去保护，再用动物的皮毛来保护身体。自然界除了人类以外，没有其他任何动物有这样的现象。

另一方面，如果发明服装的原始动机是为了保护，那么在不需要保护的环境里就可以不穿衣服。如寒冷地区需要穿衣服御寒，炎热地区就可以不穿衣服。冬天需要衣服御寒，夏天就可以不穿衣服。陆上需要衣服保护，水里衣服就是麻烦。然而，不论在什么情况下，人类都会保留最少的衣服，不会赤身裸体。按说，寒冷地区的服装到了炎热地区就可以脱去，但炎热地区的人并没有完全裸体。在陆地上服装可以保护皮肤，游泳时服装就成了累赘。所以，人们游泳时会将衣服脱到尽可能少，但也不会裸泳。

所以，气候适应说不符合服装原始动机的特点。

三、美化装饰说

与身体保护说观点不同,这类学说认为,服装起源于人们增加自身魅力、创造性表现自己的心理冲动,这其中包括护符说、象征说、审美说和性差说。出于审美本能和种族繁衍的目的,或者出于部落识辨的目的,人类祖先以各种能够想出来、做得到的方式来装扮自身,以增加吸引力或区别于他人。有的装饰具有某种身份的象征。勇敢者、首领、富有者,为突出自己的地位、权威、力量、财富等,用一些有象征意义的物件装饰在身上,诸如猛兽的牙齿、珍禽的羽毛、稀有的贝壳玉石等。

尽管审美是人类的共同特点,但审美标准却并不完全一致。作为美的显示,服饰更应该放在显著的位置,比如头部,而不是包裹在臀部。然而实际现象是,人们可以不装饰头部,但必须包裹臀部。自从人类有了社会等级,也就有了不可僭越的意识。如果服装的最初动机是为了显示身份和财富,最初身份等级高的首领和富人就会阻止其他人穿衣服。关于不可僭越意识详见"时尚的哲学"一章。

美化与装饰只是一部分人的需求,不是所有人类的需求。例如,处于极度生存危机之中的人群,生存是他们的第一需要,美化装饰则是可有可无。然而,不论富裕的人群,还是极度贫困人群,穿衣都是基本需求,没有人会因贫困而不穿衣服,也没有人会认为遮羞布不美而放弃遮羞。

所以,美化只是服装的附加功能,并不是服装的原始动机。

四、吸引异性说

这种说法与遮羞说正好相反,它认为男女为了吸引对方,把身体的某一部分装饰起来以突出其性别、激发性欲。如:澳大利亚库克人全身赤裸,仅有项链和臀带;巴布亚男性则用胡芦套起生殖器官,目的在于张扬和炫耀,就像雄孔雀开屏时的尾羽。这种学说认为,人类之所以要用衣物来装饰自己,是因为男女两性为了引起对方的注意和好感,把性部位装饰得特别突出。

这种说法只是特定环境中的特定文化现象,并不是普遍现象。而普遍现象是,为了吸引异性注意需要穿衣服,为了避免引起异性的注意更需要穿衣服。不穿衣服不仅更容易引起异性的注意,还会引起异性的惊恐。

所以穿衣吸引异性说不成立,穿衣的动机更像是为了避免引起异性的注意。

五、宗教信仰说

许多人相信万物有灵，认为那些给人类带来疾病灾害的凶恶灵魂，需要躲避。辟邪求安的方式就是在身体上佩挂饰物，这样既能保护自己不让恶魔近身，又可取悦凶灵不再加害于自己。

宗教信仰说与美化装饰说有相似的地方，即它只是一部分人的需求，不是所有人的动机。没有宗教信仰，只会导致人不穿特定宗教的服装，而不会出现没有宗教信仰的人不穿衣服的现象。

另一方面，根据现有考古研究，人类早在 50 万 ~40 万年前的旧石器时代就已经有了衣服，而宗教的出现不过是近几千年的事。

所以宗教信仰说不符合服装原始动机的特点。

六、羞耻说

在有关服装动机的所有观点中,羞耻说可能是争议最大的一个。羞耻说以外的其它观点都属于实用主义观点,而羞耻说属于文明主义观点。

文明主义认为,服装起源于人类的性羞耻意识,即男女为防止对方看到自身的性部位而用物体遮盖起来,以得到心理上的安全感。从这个意义上说,与其说服装原始动机是身体保护的需要,不如说服装原始动机是心理保护的需要。

羞耻说也存在不同观点。其中,有人认为:"所谓羞耻心,对于从未有过穿衣经验的自然裸态的原始人类来讲是不存在的,只有人类有了穿衣经验并形成了某种社会规范以后,再脱下衣物时,才会产生羞耻心,也就是说羞耻心并非人类穿衣的起因和动机,而是人类穿衣后的结果。"(《服装学概论》,李当岐 编著)显然该观点只适用于进入高等文明后的人类,并非服装发明的原始动机。我们观察有些原始部落的女性,她们的确袒胸露背,并不对胸部进行遮盖。所有具有穿衣体验的人群,其女性都会对胸部进行遮盖,说明女性胸部的羞耻意识是穿衣的社会规范形成的。人类的衣服很多,包裹的部位也很多,如果人类的羞耻意识是穿衣后再脱去的结果,为什么人们脱去帽子没有羞耻感?为什么人类露出双臂没有羞耻感?为什么穿短裤露出大腿没有羞耻感?游泳时只穿泳衣其他部位全都暴露时没有羞耻感?为什么唯有性部位的暴露和女性胸部暴露才会有羞耻感?

对于性部位,不论男女,不论原始部落还是发达地区,都会对其进行遮盖。在原始自然裸态情况下,人人不对性部位遮盖也是社会规范,最初用遮羞布遮盖也违反了当时的原始社会规范。热带地区需要的不是御寒而是避暑,为了避暑,全身赤裸才是最符合需要的,为什么热带地区的原始部落还要违反需要和社会规范,把性部位遮挡起来呢？显然性羞耻不属于服装的一般动机，而属于服装的原始动机，它只受自我意识和本能的支配，而不受社会规范的支配。详见"我们的灵魂来从哪里来？"一章。

气候的冷热可以改变服装厚薄与数量，但不会改变服装的有无。性别、年龄、历史、文化、宗教等不同，可以改变服装的款式和材质，但不会改变服装的有无。在特殊环境下，服装甚至成为累赘，可以少到极致。如，在炎热的气候、游泳时、体育运动、相扑比赛当中等，理论上没有衣服才最符合需要。然而这些环境里，服装可以少到不能再少，但不能没有。在特殊情况下，人们只可以在没有异性在场的情况下不穿衣服，有异性在场时，衣服是必不可少东西。

在某些特殊的文化或场合中，的确存在不穿衣服的情况。如某些原始的生殖崇拜，某些裸体艺术等。生殖崇拜和裸体艺术并不代表没有羞耻意识。生殖崇拜是信念掩盖了羞耻意识，裸体艺术是美感超过了羞耻意识，这才导致裸体现象的存在。

在各种服装动机观点中，除羞耻说外，其他所有观点都是可能产生争议的。只要是处于社会当中的人类，不论环境和条件如何改变，性遮羞都是服装产生的原始动机。

所以，只有羞耻意识符合服装原始动机的产生特点，其他的只是服装的附加动机。

第六章

毛　发

人为什么没有体毛，因为人穿上了衣服。人为什么要穿衣服，因为人没有体毛。衣服与体毛似乎存在着某种因果关系。前者认为，穿衣是原因，无毛是结果。后者认为，无毛是原因，穿衣是结果。或者认为：人因为穿了衣服，所以体毛开始退化，体毛退化导致人更需要穿衣服，衣服与体毛互为因果。

原始人类是通体长满毛发的，现代人身上的大部分毛发都褪去了，只保留了少部分的特殊毛发。关于体毛的褪去和其他毛发的作用，学界中存在不同的观点，在部分问题上，人们的观点比较接近，如汗毛、头发、眉毛、眼睫毛、胡须等毛发的作用，但在体毛褪去的原因和性部位毛发的作用上，各种观点存在较大差异。

一、穿衣说

为了御寒，人类学会了穿衣。有了衣服，毛发就变得不重要了，所以渐渐褪去，直至现在人类基本没有了体毛。

器官的演化是一个漫长的过程，如人类的脚趾甲，当人类从树上下到地面，双脚专用于行走之后，脚趾甲就不再重要，就应该退化。人类直立行走的历史至少应该有几百万年，远远长于人类穿衣服的历史。时至今日，人类的脚趾甲仍然没有褪去，而人类体毛已经基本褪完，所以穿衣导致褪毛似乎很难有说服力。

世界各地的不同人群，由于所处地理位置的差异，气温大不相同，按说应该存在不同的体毛。尤其是有些族群从未离开过热带地区，除了遮羞外，从未全身穿过衣服。然而世界各地的人类，不论处于寒冷地区，还是炎热地区，不论在进化与发展过程是否曾穿过御寒的衣服，都没有体毛。这说明体毛的褪去不是穿衣御寒的结果。

二、性选择说

有观点认为,人类体毛丧失的原因是性选择。"无毛优于有毛"的性选择观点恰恰与动物的一般规律背道而驰,为了吸引异性,雄孔雀的羽毛明显比雌孔雀的羽毛多而漂亮,雄狮也有明显的鬃毛。通过"本能"一章的阐述可知,本能是祖先传给后代的基因记忆。大多数人看见毛茸茸的小动物都会爱不释手,说明早期人类的婴儿可能就是毛茸茸的小毛球。对于大型宠物,不论是飞禽还是走兽,人类本能上都是喜欢多毛的,很少喜欢无毛的。如果将飞禽走兽的毛剃光,几乎所有人都会认为奇丑无比。这说明人类自身早期也应该是多毛的。然而现在人类居然通体无毛,这在远古人类看来一定是非常丑陋的。按照进化论的性选择观点,远古人类,不论是男性选择女性,还是女性选择男性,都不会选择无毛的。毛发如此有用,人类为什么会把体毛褪得如此干净呢?

一般而言,毛发浓密光亮是身体健康、发育良好的表现,应该是异性钟爱的。虽然现代人没有了体毛,但不论男女,仍然喜欢异性拥有浓密头发。浓密头发是基因优秀、发育良好、身体健康的标志。有些男人喜欢将头发剃光,以彰显气势。基因的优秀,发育的良好,身体的健康,反映在光头上也是头形周正,天庭饱满,而不是歪瓜裂枣。尽管是光头,但发根明显,表明头发的根基是良好健康的。世界上没有多少人会喜欢天生的秃头,更不会喜欢歪瓜裂枣的秃头。为了卫生和整洁,很多女人会喜欢剃胡子的男人,但没有多少女人会喜欢天生不长胡子的男人。除非有比性选择更重要的原因,否则人类不会违反性选择的一般规律而普遍褪毛。

三、水猿说

"水生类人猿,是海洋生物学家艾利斯特·哈代于1960年提出的人类水生进化论假说中出现的物种。"

该假说认为,"在大冰川时期,地球上的大部分陆地都被几十米至几百米厚的冰雪覆盖,有些地方则变成了沙漠。当时生活在森林里的类人猿,如果不想就地灭亡,就只有迁徙到赤道附近才可能生存。而这一灾难同时也给予了地球生物一个机会,此时海平面大幅下降,从而裸露出大片的浅海滩涂,这为因森林退化而走投无路的类人猿提供了一个全新的生存空间,特别是浅海滩涂中的小鱼小虾、软体动物(海贝海螺等),为它们提供了丰富的高蛋白食物,使人类挣脱原来的生活链而获得了进化的可能性。然而,螺类、贝类虽然不像森林中的飞鸟走兽一样难捉,但它们生活在浅水下的沙土淤泥里,需要潜水挖取,捧到岸上来食用,这使这些类人猿日复一日地涉水潜水,从而被拉直了身体,发生了手脚分工,学会了控制呼吸。

针对这一假说,有人进行了补充:古人类的长期水生生活,导致人类褪去了体毛。

水猿说曾经受到过学术界的重视,但因其没有考古支持,同时也存在与理论相悖的难点,因而渐渐淡出学术界。其主要难点包括:

1. 如果人类是因为适应水里的生活而褪去体毛的,那么人类长体毛的历史远比从水里重回陆地的时间更为久远。为什么人类至今仍保留着毛发的本能,而人类没有游泳的本能?

2. 所有水生动物都不会在体毛褪去后,还保留头发等多余的毛发。如果不打理,人类头发可以长得很长,会阻碍游泳等水下活动。眉毛、腋毛、性部位毛发对水下活动也毫无意义,然而这些毛发却保留着。

3. 如果人类曾经生活在水里，为什么现在水里没有留下任何人类的近亲，也没有任何相关化石或其他证据？

4. 如果人类曾经生活在水里，而且为了适应水里的生活连毛发都褪去了，那么人类的手指和脚趾间为什么没有进化出其他水生哺乳动物那样的蹼来？

5. 所有水生动物的眼睛都是长在运动的方向，以便观察前方，人类的眼睛为什么没有长在头顶的位置？现在人的眼睛位置恰好是人类直立行走或奔跑时的前方位置，而不是游泳的前方位置。游泳时人的眼睛处于身体下方，是最难以观察周围环境的位置，自然界没有一种水生动物有这样的眼睛结构。

综上所述，水猿说存在各种疑点，无法解释人类的一系列进化特征。

四、防虫说

防虫说观点认为，浓密的毛发是寄生虫生长的温床。人类祖先不堪寄生虫的滋扰，于是褪去了体毛。

当宠物狗、宠物猫身上的寄生虫无法清除时，有些主人会将宠物的毛剃光。有些头虱严重的人也会剃光头发，以彻底清除头虱带来的烦恼。问题是，所有长毛的动物都存在寄生虫滋扰的问题，为什么只有人类要褪去体毛？人类褪去体毛的同时，为什么又要保留腋毛和男女都有的性部位毛发？腋下和性部位是人体表面最敏感的部位，人体为什么恰恰在最敏感的部位给寄生虫留下后门？

防虫说并不是人体褪毛的主流观点，而更像是随机的想象，并没有严谨的科学逻辑，也无法解释存在的学说难点。

五、狩猎说

这种观点认为，人类的远古祖先生活在树上，身体的结构都是为树而生的。当环境变迁后，丛林变成了草原，人类不得不从树上来到陆地。人类为树而生的身体结构到了地面就成了致命的缺陷。绝大多数陆地动物的奔跑速度远远快于人类。如猎豹，修长的四肢、流线般身形、弹簧般的腰部、发达的肌肉、保持奔跑平衡的尾巴——猎豹的身体几乎是为奔跑而设计的。尽管猎豹有四只脚，但奔跑时四脚轮番着地，每次着地的只有一只脚。猎豹的步幅可达7米，奔跑时身体在大部分时间里都处于腾空状态，几乎就是低空飞行。猎豹的最高奔跑时速可达110公里，在猎豹的眼里，人类的奔跑就像乌龟爬。其他动物虽然没有猎豹跑得那么快，但奔跑的速度也是人类望尘莫及的。

人既逃不掉掠食动物的追捕，也追不上自己想捕获的猎物，如果没有弥补的办法，必将亡族灭种。然而人可以用手抓握木棍和石头击打掠食动物来进行防卫。前肢用于抓握木棍和石头后，站立和奔跑就只能依靠后肢。渐渐地人类前肢专用于抓握，后肢专用于奔跑。在所有哺乳动物中，只有人类的手脚分工是最为明确的，也只有人类是完全直立行走的。

人类的双脚可以行走和奔跑，但奔跑速度仍远不及其它陆地动物。虽然陆地动物长出了适合快速奔跑的身体结构，但快速奔跑使全身肌肉都处于剧烈运动的状态，这就导致体能和氧气的大量消耗，体温的急剧上升。猎豹急速奔跑持续时间一般不超过30秒钟，极少数能够持续达到1分钟的。急速的奔跑使得猎豹的体温在不到30秒就上升到了足以危及生命的警戒线。急速奔跑30秒后，不管是否捕猎成功，猎豹都不得不放慢速度或停下来，大口喘着粗气，让身体降温。

第六章 毛 发

哺乳动物中能够长时间奔跑的动物很多都在寒冷的北方，因为北方气候寒冷，可以有效地降温。

热带草原哺乳动物无法像寒冷的北方动物那样能够迅速降温，大多数都只能短时间快速奔跑。人类的祖先生活在热带草原，周边都是短时间快速奔跑的动物。人类的身体结构并不适合快速奔跑，因为人奔跑时只有两条腿的肌肉发力。但同时，人不需要尾巴保持平衡，减轻了体重和降低了能量消耗，身体的平衡靠手臂的摆动，腰部肌肉仅起协调作用。由于手臂和腰部不直接对奔跑发力，能量消耗大大降低，产生的热量也要小得多。所以人类奔跑时，体能和氧气的消耗比其他动物少，体温上升比其他动物慢。

虽然人类长时间中速奔跑，体温上升速度远不及快速奔跑的四足动物，但仍然存在体温上升的问题，于是人类采用褪毛加出汗的策略来降温。出汗可以带走体内的部分热量，因为汗水在人体的表皮，奔跑时空气流动加速水分的挥发，进一步带走热量。有了无毛的皮肤和发达的汗腺，人类就获得了长时间奔跑的优势。只要人体表皮散发的热量大于体内产生的热量，人就可以一刻不停地长时间奔跑。

如果人类身体长满毛发，将会阻碍汗水与空气的接触，阻碍热量的散发。就像穿着裘皮大衣长跑，不是会被累死，而是会被热死。

出汗为没有体毛的人类带来了快速散热的优势，而对于长满体毛的其他动物就成了麻烦。长满体毛的动物出汗，会使身体状况大大恶化，同时的不能有效散热。根据人类的经验，身穿裘皮大衣或棉衣的人出汗，必须尽快脱去衣服，擦干汗水（有条件的还要洗澡），然后再换上干燥的衣服。长时间穿着被汗水浸透的衣服，人的身体状况也会迅速恶化。所以长满体毛的动物都会避免出汗。这就导致体毛动物无法通过排汗来进一步降温。

人类没有体毛，不是因穿衣而退化导致的，而是为长途奔跑而进化的结果。当人追逐猎物时，尽管猎物可以快速逃离，但人可以穷追不舍，使猎物不停奔跑无法休息，体能不停消耗，体温不停上升，最后体力不支，体温过高，瘫倒在地，束手就擒。人类与猎物，比拼的不是速度而是耐力。其他掠食动物的猎物是被追上扑倒的，人类的猎物是被热倒的、累倒的。

即使是陆地上跑得最快的猎豹，与人类赛跑时仍然是人类的手下败将。据新闻报道，肯尼亚东北部一座村庄曾经遭到猎豹的袭扰，猎豹经常咬死村里的羊。村民们忍无可忍，决定抓住这只猎豹交给野生动物管理局处置，要求赔偿。四个村民徒步追赶猎豹6.4公里，将这只猎豹追得累倒在地，束手就擒。人类虽然只有两只脚，因为没有体毛和拥有发达的汗腺，比四只脚的动物更加能奔善跑。

由于狩猎说拥有完整的逻辑链条，所以它出现后，迅速成为人体褪毛原因的主流学说。

六、人类其他毛发的作用

狩猎说认为，人体褪毛是因为狩猎散热的需要。然而人体并没有褪去所有的体毛，仍然保留了一些特殊的毛发。这些特殊毛发的存在，必然有其存在的合理解释。

（一）汗毛

人的皮肤长满了汗毛，裸露的皮肤突然受到寒风的刺激，会导致毛孔收缩，毛根隆起。寒风一吹，汗毛竖起，因此汗毛也称为寒毛。汗毛可以将汗腺的汗水从毛孔引到人体的表皮。没有汗毛的人，调节体温的能力将大大降低。

准确地说，调节体温依靠的是毛孔，毛孔将体内的汗液引到人体的表皮，起到降温的作用，有没有汗毛并不重要。之所以认为没有汗毛不利于排汗，主要是因为汗毛与毛孔是一起存在的，没有了汗毛也就没有了毛孔。

许多人的汗毛并不明显，有的汗毛甚至要用放大镜或显微镜才能观察，但这并不影响他们的排汗，只要他们的毛孔是正常的就可以。

人类褪去体毛是为了排汗，人类的体毛退化成了汗毛，这些汗毛已经不影响排汗散热。人类褪去体毛是一个漫长的过程，如今的汗毛应该是体毛退化不完全的残留物。

（二）头发

有一种观点认为，人类有过穴居的历史。在狭小的洞穴内活动，脑壳容易与洞壁碰撞，由于脑壳是硬的，很容易碰伤，而头发可以起到缓冲作用。这种说法仅仅是一种猜测，从考古发掘来看，古人居住的洞穴都可以容纳多人，有堆放杂物的空间，洞穴内可以生火，火堆与人肯定有足够的安全距离，以防人被火烧到。所以古人生活的洞穴应该足够大，不会小到需要头发来保护脑壳的地步。

也有观点认为，头发是性选择的结果。不可否认的是，不论男女都希望对方拥有浓密健康的头发。如果不剃头，人类男女的头发是一样的，这似乎与性选择存在两性差异的一般规律不符。人类男女同时褪去体毛，又同时保留头发，这不应该是性选择的结果，而应是为了满足人们的生存需要。

在野外，人类的大脑仅有一层脑壳保护，很难抵御烈日暴晒、寒风吹拂的温度变化。头发在夏天可以防止烈日暴晒，冬天可以给头脑御寒保暖。

现代人，在夏天的烈日下，或在冬日的寒风里，如果头发稀少，通常都会戴帽子，以保护脆弱的大脑。而头发浓密的人，戴帽子则多半是为了装饰。

人类的头发使每一个人生来就自戴一顶帽子。

（三）眉毛

有人认为，眉毛使人类更加美丽，这个观点显然过于简单。人类器官的存留首先是为了生存和繁衍的需要。如果人的眉毛是为了美丽，那为什么眉毛不在眼睛的下方，或像眼睫毛那样长在眼睛的上下两侧，而仅仅长在眼睛的上方？

有过满头大汗经历的人，都可以体会到，眉毛可以防止额头的汗水流入眼睛。有毛动物不会满头大汗，也就不会有明显的眉毛。人类狩猎时需要长途奔跑，满头大汗应该是常态。在炎热的夏天，人类从事其它生产活动时也常有满头大汗的现象。汗水中含有盐分，如果流入眼睛，将导致眼睛刺痛，难以睁开。眉毛阻挡汗水流入眼睛，可以让人在狩猎或从事其它生产活动时，避免不停地擦拭汗水。

追求美丽不是人类长出浓密的眉毛的原因。是因为浓密的眉毛反映出良好的基因和健康的身体，才显得美丽。

（四）眼睫毛

眼睫毛长在眼睛的上下两侧，具有敏感的反应能力。当飞虫或灰尘接近眼睛时，首先被眼睫毛探测到，并迅速产生闭眼反应，防止飞虫或灰尘进入眼睛。

眼睫毛是为保护眼睛而存在的，长长的眼睫毛使人产生良好基因和健康身体的判断，从而产生美感。

眼睫毛为防止异物飞入眼睛而存在，是目前的主流观点。

（五）胡须与胸毛

我们不知道古时男人是如何将烤得满是油脂的肉，避开浓密的胡须送进嘴里的，也不知道吃完烧烤后，是如何清理粘在胡须上的动物油脂。从卫生的角度看，男人的胡须是不利的，是多余的。但从男性力量和威武的显示看，胡须又是有效的。

与胡须一样，胸毛同样可以突显男性的威武和力量。现代女性大多数都不会讨厌男性的胡须和胸毛，也许大多数远古女性都会喜欢拥有浓密胡须和胸毛的男性。现代男性也不会因为浓密的胡须和胸毛感到羞耻，也许远古男性会因为拥有浓密的胡须和胸毛而感到自豪。男性的胡须和胸毛是性选择的产物，它们的存在符合性选择学说的解释。

当人穿上衣服以后，胸毛的显示作用随之消失，就开始退化了。现在只有一部分男性还能看出胸毛，很多男性已经没有了明显的胸毛。而胡须长在脸上，在人类的整个进化过程中从没有被遮挡过。因此男性的胡须一直保留着。

（六）腋毛

目前的主流观点认为，腋毛的主要作用是缓解摩擦。远古人类捕猎需要长途奔袭，跑步时手臂不停摆动。如果没有腋毛，将导致腋下皮肤之间的直接摩擦，容易造成损伤。有了腋毛，摩擦就只会在腋毛之间进行，从而起到保护腋下皮肤的作用。

从医学上看，腋毛是人的第二性征之一。腋毛在性成熟的时候才出现，这很容易让人把腋毛与性特征相联系。从行动特征的角度看，腋毛只与狩猎有关，与性特征无关。由于狩猎只是成年人的活动，所以只有成年人需要腋毛，未成年人则不需要。而成年人能够狩猎的时候，也是性成熟的时候。长腋毛与性成熟仅仅是时间上的巧合，并没有因果关系。真正的因果关系是：成年人需要狩猎，需要长途奔袭，需要腋毛阻隔皮肤的直接摩擦，因此需要长腋毛。

人类的腋毛比猿长，说明人类有过长途直立奔跑、靠手臂摆动保持平衡的历史，而猿却没有。这也从侧面印证了人类的腋毛与长途奔跑狩猎有关。

男女两性的腋毛数量存在差别，男性的腋毛明显多于女性。这表明人类的狩猎以男性为主，女性很少参与。现代人类中，男性一般都有明显的腋毛，女性则较少，有的女性甚至完全没有腋毛。人类脱离狩猎生活后，腋毛应该已经逐步退化，现代人的腋毛是人类进化过程中没有褪干净的残留毛发。如果人类脱离狩猎生活的时间足够长，男人的腋毛就应该退化得像女人一样干净。然而现在男人的腋毛仍然很明显，说明人类脱离狩猎生活的时间并不长。腋毛的作用可以从侧面佐证，人类褪去体毛，男人保留腋毛，女人腋毛很少甚至没有，这些都与狩猎有关。

人对腋毛也存在一定的羞耻感，这种心理与审美意识有关。拉马克认为："人类智能的极度优越性，超越了一般动物，人类的身体结构就代表着自然界中最伟大的精美作品。因此，动物的身体结构越接近人类，就越完美。"（《动物哲学》，〔法〕拉马克 著）很多人并不认同拉马克的这个观点，从飞行角度看，鹰的身体结构比人完美；从奔跑角度看，猎豹的身体结构比人完美；从游泳角度看，海豚的身体结构比人完美；从审美角度看，现代人类的身体结构比远古人类完美。对拉马克的叙述进行适当修改：现代人类要比远古人类进化得更精美，人的身体结构越接近现代人，就越美。

（七）性部位毛发

性部位毛发也称为阴毛，是人的第二性征之一。对于性部位毛发的功能和作用，学界存在不同观点，这些不同观点也是对人体毛发的解释中分歧最大的部分。到目前为止，就这一问题学术界并没有形成主流的、权威的观点。目前比较流行的解释包括：

1. 性成熟标志说

该观点认为，性部位毛发只在性成熟之后才出现，它是性成熟标志，可以吸引异性的注意。

的确，性部位毛发容易引起注意，但人类普遍的性心理是避免性部位被注意。同时，几乎所有性成熟标志，雌雄都存在较大差异。如雄狮的鬃毛、梅花鹿的大角、男人的胡须等标志只有雄性才有，雌性没有或不明显。人类的性部位毛发男女都有，它不像腋毛那样男女存在明显差异。

几乎所有性成熟标志都长在明显的位置，都易于展示。而性部位毛发却长在最隐私的位置，并且不论男女都不愿意展示。

2. 保护说

该观点认为，性部位神经敏感，皮肤娇嫩，此处的毛发可以防止蚊虫叮咬，防止异物的直接接触。

如果是为了起保护作用，就会像其它的保护性毛发，如头发、眉毛、眼睫毛一样，在婴儿出生的时候就存在，而不是等到性成熟时再出现。相比于光滑的皮肤，毛发是寄生虫生长的温床，不透气的毛发更是藏污纳垢的地方。从卫生的角度分析，性部位没有毛发才是最合理的。

所以，保护说存在不能自圆其说的漏洞。

3. 排汗说

该观点认为，性部位毛发有利于把该部位的汗水排出。

如果是为了排汗，那么最需要排汗的部位是大腿根部的内侧，而不是性器官的前侧。同时它也是应该在婴儿出生时就存在，而不是等到性成熟以后再出现。

许多人把性部位毛发与排汗相联系，但远古人类本来是有体毛的，后来全身能够褪去的毛发都褪去了，褪去体毛的目的就是为了排汗散热。仅仅保留那么一小撮毛发排汗，理由显然很牵强。

从卫生的角度来看，出汗时性部位没有毛发才是最合理的。从有毛动物都尽可能避免出汗来看，人类也不应该在需要卫生保护的位置长出奇怪的毛发，使局部部位状况变得糟糕。

4. 推测：衣服出现前的遮羞物

性部位毛发在性成熟之后出现，同时它没有腋毛的防摩擦功能。因此，它可能与性或者性意识有关。男女都有性部位毛发，浓密程度没有明显差别，不符合雌雄存在较大差异的性成熟标志。不论男女，都羞于展示性部位毛发，不符合一般动物乐于展示性成熟标志的特征。所以性部位毛发应该不是作为性特征而存在，也不会是为显示性成熟而存在的。

由于人类穿衣的原始动机是羞耻意识，在羞耻意识当中，性羞耻又是最强烈的，性部位毛发出现的原始起因也应该与人类的性羞耻意识有关。试想，人类为了狩猎褪去了体毛，直立时性部位暴露无遗。在裸态情况下，只有性部位毛发才最有可能起到遮羞的作用。

动物通常会根据需要进化出特定的器官组织，同时又不会进化出多余的器官组织。人最低需求的服装就是性部位毛发所遮盖位置的服装，也就是游泳时必须穿的最少服装。有些地区女性的比基尼泳裤越来越小，其遮盖部位与形状越来越接近性部位毛发的部位和形状。比基尼泳裤的形状与遮盖的部位，越来越与性部位毛发的形状与部位重叠，这是巧合还是遮羞的必然结果？可以想象，在人类没有衣服的时候，性部位毛发正好起到了现在比基尼泳裤的作用。

现代女性的遮羞不仅包括性部位，还包括胸部。胸部遮羞应该是现代文明的产物。很多原始部落的女性并不对胸部遮羞，只对性部位遮羞。所有人类族群祖先，一定也经历过只对性部位遮羞，不对胸部遮羞的进化过程。即使是进入现代文明的人类，女性胸部的羞耻感仍然不如性部位的羞耻感强烈。在裸体艺术的表现上，人们也会毫无顾忌地展现女性的胸部。所以在人类穿衣服之前，女性可能就没有胸部的羞耻感，胸部羞耻感是穿衣成为社会规范之后形成的意识。

穿衣是遮羞的行为表现，性部位毛发是遮羞的生理表现。性部位毛发是在衣服出现以前，为满足遮羞需要而存在的器官组织。

性部位毛发在性成熟的时候才出现，所以医学上认为性部位毛发是人的第二性征。但性部位毛发就像眉毛、头发一样，男女不存在明显差异，不符合男女性特征存在明显差异的特点。性成熟也是性羞耻意识觉醒的时候，远古人类只在性成熟时才会有性羞耻意识，所以人体只在性成熟时才会长出毛发遮羞。

根据"用进废退"的进化原理,当人类穿上衣服以后,性部位毛发就失去了遮羞作用,就应该开始退化。但由于服装出现的时间与人类进化史相比还是短暂的,所以人类现在的性部位毛发是服装出现后,退化不完全的残留物。可以想象,在人类还没有衣服的远古时期,性部位毛发一定非常浓密,足以完全覆盖性部位。现代人性部位毛发已经变得比较稀疏,无法完全起到遮羞的作用。随着人类不断进化,相信性部位毛发最终会完全褪去。

第七章

审美与艺术

一、美的现象

对于汉字"美",有人解释为"羊大为美",因为美字上半部分是"羊",下半部分是"大"。据传,早在我们的先民从事畜牧时期,"羊大"意味着富裕,意味着丰收,意味着羊肉味道鲜美。

根据对甲骨文的考古发现,甲骨文的"美"字上部更像古代舞者头部的装饰羽毛。而将古代舞者头冠羽毛与美相联系,也更加符合现代人对美的理解。即使进入现代社会,当人们看见舞蹈也必将其与美相联系。在无法用其他方式表示美的情况下,用舞蹈表示美可能是再恰当不过的了。

美,这个字在中国具有多重解释,也就是美是多义字。这也预示着这个字在中国不同的历史时期或者不同的地域,可能存在着不同的解释。从成语和常用语中也可以看出美的多义性质。

成人之美:来自孔子的"君子成人之美,不成人之恶"。这里的美是指"好事"。

尽善尽美:这里"美"的解释为"善",有时"美"与"善"同意,或者"美"与"善"近义。

十全十美:指十分完好,没有欠缺。这里"美"的解释是:完好。

物美价廉:指东西好,价格便宜。这里"美"的解释是:好。

两全其美:指做一件事顾全到双方,使两方面都得到好处。这里的"美"是指:好处,利益。

完美无瑕:形容达到最好标准,没有任何缺陷。这里的"美"是指完好无缺。

美德:凡可给一个人的自我增添力量的东西,包括勇气自信,乐于助人等,是至善至纯至高人性的结晶。这里的"美"可以解释为"好",同时这里的"美"也包含着"德"的含义。

总结上述内容，汉字"美"，大致可以包括以下含义：好、善、德、真、有益、完好无缺、理想的、和谐的，以及值得欣赏的等。

西方对美的理解也有自己的特点，如康德认为美"只是主观的"。他说"至于审美的规定根据，我们认为它只能是主观的，不可能是别的"；狄德罗说："就哲学观点来说，一切能在我们心里引起对关系的知觉，就是美的"；车尔尼雪夫斯基认为："美是生活"（《美学原理（第四版）》，杨辛 等著）；西方古典主义的美认为，美是形式的和谐。新柏拉图派认为，美是上帝的属性；理性主义认为，美是完善；经验主义认为，美是愉快；启蒙主义认为，美是关系的和谐；德国古典美学认为，美是理念的感性显现。这里可以看出，西方对美也存在各种不同的理解。总结西方对美的理解，大致包括：和谐、完善、愉快，并且认为美是不包含功利因素的纯粹主观感受。

中国与西方对美的理解都存在客观与主观两个层面，不同人群对美的各种解释都反映了美的不同表现、不同视角，但几乎都没有包括美的全部内涵。

二、定义的困难

美，在中国只需要一个字来表达，几乎所有人，不论年龄大小，不论文化高低，看见"美"字都能理解它的含义。具有艺术造诣和欣赏水平的人可以感受到美，贩夫走卒也能感受到美。也就是说，美的含义应该具有统一性，是可以有简单解释的。实际上，美存在很多种具体的描述对象，每一个具体的对象都不能包含美的全部内涵。"美的本质是美学中的一个基本理论问题，也是一个有待解决的难题。……困难在于回答美是什么。"（《美学原理（第四版）》，杨辛 等著）传统审美元素谈论的多为美的具体事例和美的不同现象，很少谈论产生美感的原因。他们谈论的元素包括各种对象和视角，但都没有归纳总结出美的统一定义。

古今中外对美的不同解释和理解，大致包括客观和主观两个层面，或物质与精神两个层面。客观层面包括具体的审美对象，主观层面包括人对审美对象的心理反应。"美虽然是客观的，但只有人才能欣赏美。……美对具有一定审美能力的人才有意义，才发生作用。"（《美学原理（第四版）》，杨辛 等著）也就是说，美是客观的审美对象与人内心欣赏的共同结果。什么样的审美对象才符合人的审美内心，人的审美内心又是什么样的审美感受？这应该是美的本质和关键。

三、功利

　　人们在谈论高尚的问题时总是倾向于避免涉及功利，认为掺杂功利因素的问题就是低俗的。"康德认为，它（审美的情感）不同于单纯的快感。单纯的快感等于某种欲念的满足，涉及利害计较。而审美则是一种不计较利害的自由快感。……美是那种不夹杂任何利害关系，没有概念的纯形式，而又必然为一切人所喜爱。"（《美学原理》，杨辛等著）这个解释显然是比较片面的，所谓"功利"包括狭义功利和广义功利，包括经过思考和算计的功利以及本能和潜意识的功利感。一般来说，审美可能不存在经过思考和算计的狭义功利，但一定存在本能和潜意识的广义功利。如果我们撇开广义的功利，撇开本能产生的原因，就只能解释审美的表象，忙碌于各种不同审美现象的表面解释，使美的解释越来越复杂，导致最后无解。

　　我们不认为美是纯粹的精神产物，它一定存在客观的功利因素。"所谓真，指客观规律；所谓善指功利；所谓美是指在实践中真善的形象体现……在美所引起的愉快的根底里，潜伏着功利。没有想到功利，不等于形象中没有功利内容。……美以善为前提。……从功利关系上看，善直接和功利相联系。……善是意志活动（目的、功利）的对象，而美是认识和观赏的对象，能唤起情感的愉悦……社会美是一种积极肯定的生活形象。……理想是人的心灵的精华。"（《美学原理》，杨辛等著）从这些内容上看，《美学原理》的叙述已经基本阐明了美的本质，但遗憾的是该书并没有对什么是美给出明确的定义。

　　在讨论审美问题的时候常常会涉及功利问题。有观点认为，真正的美是不能包含功利算计的，或者具有功利算计的美不是真正的美。也有观点认为，审美隐藏着功利内容，"没有想到功利，不等于形象中没有功利内容。"（《美学原理》，杨辛等著）

显然两种观点都有自己的道理，也可以找出自己的例证。问题在于如何理解不同观点所说的功利范畴。

功利存在着狭义功利和广义功利两种形式。狭义功利就是经过理性思考的功利判断。由于地域、文化、习俗、信仰、社会环境等差异，对于同一对象可能产生不同的功利判断，也就是说某一种功利判断可能只是一部分人理性思维的结果，并不是所有人的思维结果，因此称为狭义功利。广义功利是不经过理性思维产生功利感，它来自于人的本能和潜意识。本能和潜意识是人类祖先的生活和生存经验的积累，是固化在人类基因里的无条件反射。通过基因交流，人类的本能和潜意识趋于一致，只要拥有共同的祖先，就会拥有共同的本能和潜意识。只要拥有共同的祖先，就会拥有共同的本能功利感。由于产生于本能和潜意识的功利感是人类共同的，所以这种功利感也称为广义功利。在一般概念中，并不会将功利区分为狭义的还是广义的，也不会注意功利是经过思考的还是未经算计的。

审美是高等文明的产物，人们在解释什么是美的时候，也会习惯性地用高等文明的成果来解释高等文明的产生原因，最终可能陷入车轱辘逻辑。就像房屋建筑一样，当房屋高度很低时，人们很容易想到房屋的地基，随着房屋建筑越来越高，人们的观察就越来越远离地基。然而再高的建筑也离不开地基，建筑越高，基础必然扎得越深。尽管人们看不见地基，但它是真实存在的，它对高楼的影响也是真实存在的。人类的理性思维也有类似的倾向，人类文明的基础来自人类自身的生物特征。随着人类文明的不断发展，人们的理性思维就越来越远离文明的底层因素。然而我们不应该将高等文明现象与人类基本的生物学基础割裂开来，任何高等文明现象与成果都不可能脱离生物学基础而悬空存在，高等文明也需要根基与载体。

美感的真谛来自灵魂深处，灵魂深处存在的东西是人类进化过程一代一代积累的产物，它通过本能和潜意识反映在人们的各种活动中。对于高等文明的理性思维，人们往往会忽略本能和潜意识因素。在忽略灵魂深处的本能和潜意识因素的情况下，理性思维解释的产生于灵魂深处的美，必然难以解答美的真正含义。本能和潜意识是理性思维的基础，但它们却不由理性思维产生，而是固化在基因里的无条件反射，是祖先生活和生存经验的总结和结晶。

四、审美动机

　　人们许多高尚的思想与行为都避免涉及功利问题，一旦涉及功利，思想和行为仿佛就变得庸俗了。人们的高雅情趣也尽可能避免功利因素，因为一旦涉及功利因素，情趣仿佛就变得低级趣味了。然而人类一切行为的背后都潜藏着功利的因素，不是狭义功利就是广义功利，或者二者皆有之。既没有狭义功利，又没有广义功利的事情，本身就变成了没有意义的事情。不涉及任何功利因素的问题，也就不存在高尚和低俗。只考虑狭义功利而不顾全广义功利的行为是庸俗的，只满足狭义功利的感官刺激而违反广义功利的欣赏才是低级趣味的。只有符合人类种群广义功利的行为才是真正高尚的，只有符合人类种群广义功利的情趣才是真正高雅的。

　　人的行为必然反映人的动机，审美也是人的欣赏取向，也反映了人的内心动机。审美的背后潜藏着功利因素，那么审美本身的功利动机是什么？这个问题在美学教科书及哲学关于审美的论述中并没有涉及，没有功利因素的审美本身似乎就成了没有意义的事情，审美本身似乎就成了人类多余的情感。实际上，审美的愉悦感是人体的生物学的奖励机制，它鼓励人们进行这样的审美追求，这就是审美产生的心理原因。审美产生的愉悦感，使得人们更愿意去做美的事情，而美的事情又是符合人类广义功利的事情。所以审美的动机就是鼓励人们追求美的事物，从事符合广义功利要求的事情。

五、美的定义

综上所述，我们可以将美定义为：美，是符合广义功利的愉悦感。

愉悦，是指欢乐、喜悦、身心放松，是审美产生的结果。广义功利，是未经算计的、有益无害的、健康的、积极向上的各种因素，是潜藏在审美对象底层的、对人类种群有益的潜意识，是产生美感的必要条件。

一直以来，美都是一个哲学问题，人们也一直试图对美给出一个准确的定义，并使美成为一个可以重复验证的科学问题。正是因为纯粹的审美不包含经过算计的狭义功利，只包含潜藏于本能的广义功利，所以让人感觉，真正的美感来自灵魂深处。一直以来，人们无法解释灵魂深处的感觉来自何处，因此对于很多心理现象都只有模糊的认知。其实，随着现代科学的发展，人们对本能、天赋、潜意识、灵魂深处的心理产物早已有了比较明确的证据，只要将这些科学成就加以归纳，就不难得到答案。

圣人曰：大道至简。从前面的分析可以看出，美的定义并不复杂，它只包含了审美对象所产生的愉悦感和审美对象所涉及的广义功利两层因素。

六、审美的哲学

一直以来，人们通过各种视角解释审美问题。人们认为美是抽象的，但又不是空洞的。美的概念可以涵盖每一个美的具体对象，每一个美的具体对象可以用美的概念来解释。很多美学家都将美学归于哲学的一个分支，他们认为美学的许多问题实际是哲学问题。它充满了主观与客观、物质与精神的辩证与统一。美既是主观的，又是客观的。愉悦的感受是一种主观感受，广义功利是一种客观的存在要求。

有些专业领域的审美对象可能无法直接令外行人产生美感，在内行人的指引下，他们才会渐渐理解其美的存在，渐渐感觉到美。但是依靠别人指点而获得的美感通常比较肤浅，只有等到别人的指点成为自己的习惯和潜意识时，才可能产生真正的美感。只有本能的、潜意识中的广义功利条件激发出来的愉悦感才是真实的美感条件，也就是只有由灵魂深处的广义功利意识产生的愉悦感才是美的真谛。

既然功利存在狭义功利和广义功利两种不同形式，审美也就应该存在狭义审美和广义审美两种形式。由于狭义功利是理性判断的结果，狭义审美也就应该是理性判断的结果。比如不懂书法的时候，你很难看懂书法的美。通过学习和练习逐渐领悟到书法的内涵，也就能够逐渐获得书法的美感。其他很多的专业领域审美都有类似现象，只有一定专业知识和专业背景的人，才能够比较好地理解专业领域的审美。

为什么美术、音乐、舞蹈等相关比赛，通常采用多位评委一起打分，然后再截头去尾后取平均数的打分办法，而不像数学、物理竞赛那样，一个老师打分、另一个老师审核？就是因为越是专业的审美评判结果，越是与审美者的专业背景有关。专业性越强的审美也越狭义，主观成分也越多。

广义功利判断来自人类基因的记忆，尽管地域、文化、习俗、信仰、社会环境差异，可能会导致不同人群的本能和潜意识存在差异，但本能和潜意识的形成是一个长期的过程，人类族群的短时间分离不会产生颠覆性的差异，因此广义的审美也很难产生颠覆性的差异。

所以，什么是美，美的本质是什么，一直没有明确的定义，美感有时只可意会不可言传，很大程度上是由于美感来自灵魂深处，来自人的潜意识，来自人的本能。本能的、潜意识里的东西，通常只知道应该怎样做，却不知道为什么会这样做。本能和潜意识的反应不经过大脑理性思维，这也导致用大脑的理性思维很难解释这种反应。美感也存在类似的情况，很多时候人们都知道某审美对象很美，但却说不清楚为什么这么美。由于美的广义功利条件是由人的本能产生的，并没有经过大脑的理性思考，所以自然也就讲不清楚美的本质是什么。这也导致有些时候人们将美归结为唯心的范畴，认为美是纯粹的精神产物，与客观事物无关，有些人甚至认为，受客观功利影响的审美不是真正的美。

"先验的共同感，完全是康德为寻求美感的共性而幻想出来的，是主观的，是唯心主义的。"（《美学原理（第四版）》，杨辛 等著）由于无法找到客观的审美标准，很多人认为美产生于人的主观意识，认为美感是不需要标准的，是不存在功利的。然而，许多美感的确是人类共同的，的确是先验的。如对于自然美景，对于鲜花，对于美妙的音乐和优美舞蹈，一般都不需要别人的事先指点，第一次遇到就可以得出一致的审美评价。康德的先验审美，其实只是没有交代清楚先验的审美依据是从哪里来的。先验的审美并不是没有审美标准，也不是凭空存在。这个审美标准来自于本能，来自于祖先留给后代基因里的底层记忆。表面凭空产生的美感，其实是以潜藏在人类DNA中的广义功利为标准的，是祖先一代一代实践与总结的结果，尽管没有经过深思熟虑，但本能对审美的影响是真实存在的，先验的审美并不是唯心的。

传统的审美对象可以产生美感，如美术、音乐、舞蹈等。有些美感不一定来自传统审美对象，而是来自于人们的某些行为，这些行为的目标本身不是为了审美，但其结果使得人们产生美感。救助一个素不相识的落难者时，救助者与旁观者都会产生内心的愉悦，同时也会产生与审美类似的情感。救助落难的同类，在狭义功利上是由善念产生的善举，广义功利上是有利于人类种群的有益行为，它与救助时的愉悦内心共同产生了美感，这种美感没有具体的审美对象，但行为的功利是内心最底层的人类种群功利，是更广泛的广义功利，产生的美感也更加深邃。救助素不相识的同类与救助亲人成功都会产生愉悦感，但产生的美感却不同，救助亲人是大多数动物的行为，功利要狭义得多，救助素不相识的人，其功利要广义得多，产生的美感也深邃得多。

  在进化论出现以前，"我们来自哪里"是一个哲学问题。人们发挥各种智慧的思维，解释人的来历。进化论出现后，"我们来自哪里"的哲学问题就变成了科学问题，需要解决的问题就变成寻找人类进化的证据。审美也有类似的现象。审美一直以来也是哲学问题，人们对审美给出不同的智慧解释，但都没有统一的最终答案，各种观点也很难进行一致的验证。将审美定义为"符合广义功利的愉悦感"，那么它也就成为一个科学问题。审美科学需要做的就是，对各种形式的审美进行科学验证。

七、审美对象举例

美食：健康的令人愉悦的饮食。良药苦口利于病，虽然有利，但苦口，没有愉悦的感受，所有没有美药之说。同样的饮食，如果暴饮暴食、胡吃海塞，也许可以产生愉悦的感受，但暴饮暴食、胡吃海塞是不健康的，同样不会产生美感。

美酒：健康的令人愉悦的酒。相同的酒有不同的饮法，虽然都可能带来愉悦感，但不同的饮法对身体健康的影响是不同的。小酌怡情，豪饮伤身。人们通常在品小酒时，将甘醇幽香的好酒称为美酒。但再好的酒，喝到酩酊大醉也就成了毒药。

美景：无害的令人愉悦的风景。有些景色虽然可以让人愉悦，但如果景色背后潜藏着不确定的风险，人们可能更确切地将其定义为"奇景"。例如电视剧《精绝古城》里的景色究竟是美景还是奇景，内心强大程度不同的人会有不同感受。处于这样环境中的人，对神奇的景色既有好奇心理，也有恐惧心理。内心强大的人可能认为是美景，内心较弱的人可能认为是奇景，一般人可能认为既是美景也是奇景。

美差：既满足个人利益，又满足群体利益的差事。如果以损害群体利益来满足个人利益，是假公济私的，是丑陋的。如果为满足群体利益而牺牲个人利益，是苦差。如果满足了群体利益，同时并不牺牲个人利益，是工作。

八、艺术与审美

在讨论艺术问题时，审美是避不开的话题。尽管艺术的研究范畴比审美宽泛很多，但不可否认的是，审美在艺术中占有核心的位置。就像没有服装，时尚就黯淡无光一样，没有审美，艺术也就平淡无味。由于美感来自人的本能和潜意识，因此艺术美的欣赏应该来自人们对美的本能反应。

艺术是人类想象力的显著标志，动物没有想象力，所以我们目前没有发现动物有艺术的表现和行为。现代艺术更是人类文明的高等形态，它的内涵也是丰富多彩的。受限于原始文明内涵的匮乏，原始艺术也比较简单。最初文明的现象是遮羞与审美，遮羞是受保护心理需要的反应，而审美是一种符合广义功利的愉悦的心理感受，是人们的追求与向往。在人类早期单调的社会生活中，审美是文明活动重要内容，也是艺术的重要元素。审美与艺术不同，美是一种感受，艺术是一种享受。美的感受是内心自然产生的，艺术享受是内心感悟产生的。因此艺术是理性判断的产物，是完美性、欣赏性、领悟性（感悟性）、稀缺性、创造性等因素的结合。

完美性是艺术或艺术品的追逐目标，它可以是作品本身的完美，如绘画、雕塑、表演等，也可以是意境表现的完美，如抽象绘画与抽象雕塑、小品、哑剧、幽默剧等，也可以是完美的创意。表现美的可以是艺术，将丑演到极致的也是艺术，喜剧是艺术，悲剧也是艺术，复杂的花纹可以是艺术，简单的线条也可以是艺术。

艺术创作需要作家自己创新与表现，需要艺术创作者具有一定的艺术修养。艺术鉴赏几乎都需要一定的专业知识或文化修养，只有与审美相关的艺术才可能得到先验的艺术评价。而与审美有关的先验的艺术评价，本质上仍然来自于人们先验的审美评价。鲜花与牛粪、美女与野兽、天鹅与蛤蟆等作品是否具有艺术价值，不同的人会有不同的评价。有些人看见牛粪、野兽、蛤蟆等会感觉丑陋，会认为没有艺术价值。而有人则会认为牛粪、野兽、蛤蟆与鲜花、美女、天鹅形成了鲜明的反差，更加能够衬托艺术表现的主体，具有特别的艺术价值。有时艺术与非艺术、高雅与低俗之间并没有明确界限，完全是不同人群的不同判断。类似的情形还包括：在名贵衣服上贴一个花样的补丁，在苹果上做一个咬去有形的缺口，在并不整齐的草地上放一套精美的桌椅与餐具，在杂乱的树丛里放一个温馨的躺椅或摇床等，都可以让人产生别样的感受和心情。有些人认为这是一种情调，是一种浪漫。浪漫与情调也是一种艺术形式，也需要一定的文化修养。

九、艺术动机

具有不同文化背景，不同理解能力，不同创造能力的人会有不同的艺术表现、不同的艺术鉴赏水平，甚至会对艺术有不同的定义。"事实上，哪些才可以称为艺术，本身在今天就已经成为一个难题了。……很难发现艺术的共性。"(《艺术学原理（第2版）》，王一川 主编)。我们知道，人与动物的一切行为都是受动机驱使的。再高雅的审美与艺术，也应该是动机驱使的产物。动机又产生于功利因素的驱使。人类艺术的动机是什么呢？艺术的功利又是什么呢？

人的求知欲推动人们通过不同方式对客观世界进行观察与理解。面对大千世界，人们通过宗教、哲学、科学去解释各种疑惑。神学理论只有少数人可以理解，普通人常因难以理解神学思想，只能盲目接受，或者认为其不符合自己理性思维的结果而拒绝接受。哲学思想也只是少数哲学家能够理解的思想，对于普通人来说，哲学过于深奥。科学体系是近代才逐渐完善的体系，前人并没有成体系的科学思想，现代人很少能够完整掌握理论体系，最多只能掌握某一科学分支理论。宗教、哲学、科学出现的历史不过几千年，几千年前没有宗教、哲学、科学，更早的时候可能文字也没有，言语可能也非常简单。在这样的条件下，人们该怎样表达内心对世界的认知？怎样表达内心情感？怎样表达自己的创意？按照丹纳《艺术哲学》的观点，"人在艺术上表现基本原因与基本规律的时候，不用大众无法了解而只有专家懂得的枯燥的定义，而是用易于感受的方式，不但诉之于理智，而且诉之于最普通的人的感官与感情"。根据考古发现，早在神学、哲学、科学出现之前，人类之间就已经产生了艺术。早期的人类没有神学、哲学、科学体系，也没有理解这些知识体系的能力，人们很难理解这些学科所表达的思想，但却很容易接受艺术所表达的意境。艺术引导人们对客观事物的观察与理解，引导人们对客观事物进行抽象与想象，是人们除神学、哲学、科学以外的，理解自然现象与规律的另一种方式。除了对自然现象与事物规律的表达之外，艺术也是人们情感意境的表达。除了语言、文字、图形、公式等形式之外，艺术也是人们内心的重要表达与领悟形式。

十、艺术与智商

多年来，艺术与智商的关系一直是人们关注的问题。

艺术与智商是否存在关联？这涉及智商是如何计算的。目前的智商的计算公式是：智商（IQ）=（智力年龄/实际年龄）×100。

从智商的计算公式看，智商反映的是处于成长期少年儿童的智力发展水平，并不能准确反映成年人的智力水平。按照智商的定义，进入成年，智力水平趋于稳定后，人的年龄越大，智商评价越低。智力的发育就像身高的发育一样，有的人先发育，有的人后发育。如果最终的智力水平停止在成年的正常水平上，智力先发育的人在少儿时期就会表现出超高的智商，智力发育晚的往往表现出智商平平。不可否认的是，先发育的往往成年后也能保持先前的优势，然而发育晚的往往更有潜力。很多少年天才成年后并没有表现出异禀的天赋，而很多成年的栋梁之才在成长过程中却表现平平。

另一方面，智商的测试结果也与智商测试方法有关。如果测试题侧重于数理类，艺术类人才的得分可能就不高。如果测试题侧重于人文艺术类，理工类人才的得分可能就不高。这就好像让体操运动员举重，得分一定不高，让拳击运动员打乒乓球，得分也不会高。所以，智商数值只能在一定程度上反映少儿的智力发育情况，并不能完全反映成年后的智力水平，也不能准确反映有些专门人才的智力水平。

有的人在各个方面都能表现出非凡的智力水平。有的人只在特定的方面表现出非凡的水平。成就的体现既需要智力也需要精力和时间。很多能力单一的人往往将大量的时间和精力用于自己的特长，使得他们在自己的特长方面能够取得卓越的成绩；而有些多面能手，如果他们不能集中精力专注于某件事，最终可能导致一辈子一事无成。

尽管少年天才未必是未来的栋梁之才，但在教育资源与就业机会有限的环境里，他们往往能够优先获得教育资源和就业机会，优先获得优质的社会平台，所以每个家长都希望自己的孩子天赋异禀。有人认为，艺术能够提高人的智商，因此不少年轻的父母让自己的孩子接受艺术教育。有些怀孕的母亲甚至让胎儿听贝多芬、莫扎特的交响乐，在娘胎里就开始接受艺术的熏陶。我们不知道艺术教育能够提高智商的说法出自何处，有没有科学道理。但不可否认的是，艺术教育可以提高个人的修养，提高个人的素质。不管艺术教育能不能提高智商，艺术教育能够提高素质和修养是不争的事实，个人素质和修养的提高至少对知识的学习是有益的。

通过观察可以发现，文明程度高的社会，艺术水平也会较高，这很容易让人将艺术与智商相联系。但在现实中人们往往又会发现相反的例证，即不少艺术修养较高的人并没有表现出高智商的特征。导致这种现象的原因是人们通常将艺术学习、艺术鉴赏与艺术创作混为一谈。艺术创作需要创新思维，需要想象力，需要表现力，这些都对智商有一定的要求。而艺术学习与培养属于模仿，模仿虽然也需要智商，但对智商的要求程度远不如艺术创作。所以，只有艺术创作才能反映出人的智商，艺术学习只能反映人的素质和修养。这就好像学习数学、物理方程需要一定的智商，而建立方程需要更高的智商一样。艺术能力金字塔的塔尖是艺术研究，第二层是艺术创作，第三层是艺术表现，最后才是艺术欣赏。

很多艺术是隐藏于事物背后的现象，如领导艺术、管理艺术、军事指挥艺术、工业产品的生产艺术（加工工艺）、科学仪器的设计艺术、实验艺术、理论推理艺术等，这些活动本身的目标不是艺术，但在这些活动的实施过程中充分体现了艺术性。这些艺术的体现显然也需要很高的智商支持。优秀的艺术家除了需要富有创造性的思维以外，也需要情感丰富的内心，还需要可以表达创造性思维以及丰富情感的能力。

十一、音乐的本能

音乐是艺术，也是审美。人们对音乐的喜爱是与生俱来的，有些文化中至今还保留着以歌会友的习俗，有的甚至还保留着以歌择偶传统。逢年过节，好友到访，人们聚在一起，把酒言欢，唱歌跳舞，可以大大增加欢庆喜悦的气氛，激发人们愉悦的内心。有些地区的少男少女到了婚嫁年龄，在特定的日子里会聚在一起对歌。对歌的水平并没有统一的标准，一般根据当地的习俗和个人的感觉。对歌者既要有良好的歌喉和演唱技巧，又要有智慧的对答歌词。这些优势都反映出歌者良好的基因，自然也是异性喜欢的对象。

按照尼古拉斯·韦德《信仰的本能》的观点，"音乐能力是大脑健康优秀的标志。所以妇女可能愿意选择具有良好音乐才能的男子作为她们孩子的父亲"。同样，这个理论也应该适用于男性对女性的判断上，即音乐能力也是女性大脑健康优秀的标志，男性也应该愿意选择具有良好音乐才能的女子作为他们孩子的母亲。所以，表面上看，对歌是某些地区的择偶习俗，它本质上是人们对基因的审视与判断。

不仅音乐能力是大脑健康优秀的表现，而且声乐也是歌喉、胸肺健康优秀的表现，器乐同样是手指灵活协调、肢体配合自如的表现。没有健康优秀的大脑，很难有优秀的音乐表现；没有优秀的歌喉和胸肺，可能五音不全、音域狭窄；没有灵巧的手指，没有协调的肢体配合，很难进行复杂的器乐演奏。

音乐能力不仅反映在音乐表演上，更反映在音乐创作上。优秀的音乐作品可以扣人心弦，触动人的灵魂，余音绕梁。优秀的音乐创作也是音乐家内心情感的充分表达，更是音乐家优秀基因的体现。

十二、舞蹈的本能

舞蹈是艺术，也是审美。人们对舞蹈的喜爱也是与生俱来的。许多动物在求偶时都会通过一些形式尽可能地取悦异性，给异性留下好印象，在异性面前做出各种动作展现能力和完美的身体，人们通常把动物的这些系列动作称为动物的舞蹈。人类的舞蹈形式更加复杂，个人舞蹈具有展现个人身体优美、健康、协调的作用，是优秀基因的重要表现形式。专业舞蹈学校在选择学生时不但会检查学生本人的各项身体条件，有时还将学生父母的身体条件作为其未来身体发展走向的参考，这说明舞蹈学员的身体条件是受基因影响的。舞蹈之美展现的是优美的形体、协调的动作、充沛的体能，这些其实都是优秀基因的体现。我们可以认为，只有身体条件好的、运动机能协调的、体能充沛的人，才能有优美的舞蹈表现。人们对个人舞蹈的欣赏，潜意识中也是对舞者基因的审视。舞蹈产生的愉悦感与优秀基因的广义功利的共同作用，是个人舞蹈的魅力与美感的来源。根据尼古拉斯·韦德《信仰的本能》的观点，舞蹈能力是人脑健全、身体条件优良、体能充沛、基因优秀的标志，男性或女性愿意选择具有良好舞蹈才能的异性作为他们孩子的母亲或父亲。表面看，舞蹈是人们对美的欣赏，潜意识里也是人们对舞者基因的审视与判断。美貌是优秀基因的静态表现，舞蹈是优秀基因的动态表现。

团体舞蹈与个人舞蹈有所不同，它并不特别强调每个舞者的动作难度，但非常强调团体动作的配合。团体舞蹈的起源可以追溯到人类早期的社会形态，动作一致的舞蹈可以将一群人紧密地联系在一起，人群的同一行为可以大大增强每一个个体的力量，可以完成单一个体无法完成事情。

迁徙的牛羚必须通过一条潜伏着鳄鱼的河流，如果鳄鱼每次都会袭击一只过河的牛羚，那么单只牛羚过河被袭击的概率就是100%，100只牛羚同时过河，每一只牛羚被袭击的概率就是1%。100只牛羚同时狂奔踩踏，对鳄鱼造成的震慑和伤害远远大于单只牛羚所造成的威慑和伤害。

人类也是一样，有些个人无能为力的事情，通过集体的力量就可能完成，这就增加了个人对集体的信心。特别是人类科技还很原始的时候，个人的力量很弱小，集体的力量就显得更加强大，个人参与集体活动的愿望就更加强烈。

音乐有助于舞蹈动作的协调性与一致性。集体劳动号子就起到了这样的作用，它可以让一群人统一按节奏用力。在力学中，统一集中用力形成的就是冲击力，它形成的破坏作用远大于平均用力。对于往复运动，力学上就是振动，振动的破坏力也要大于无规则的用力。在振动系统中，共振的破坏力又远大于一般的振动。劳动号子的特点就是有节奏和有轻重，节奏就是振动的频率，轻重的重拍就是共振的峰值。将劳动号子和集体统一动作用于闲暇娱乐，可能也是音乐舞蹈艺术的最初来源之一。在过去的战争中，为了让士兵精神振奋、步调一致，通常会有战鼓或军乐队在后面助阵。现代战争已经大大减少了体力的搏杀，战场上的战鼓或乐队越来越少，甚至完全消失，但阅兵式上的鼓乐伴奏还是必不可少的，否则很难想象阅兵队伍能有整齐的步伐。

十三、裸体艺术的美与丑

究竟裸体艺术（包括裸体绘画、裸体雕塑、裸体写真等）是美还是丑，时至今日仍然存在着不同的认识。尽管能够接受裸体艺术的人越来越多，但人们能够接受的裸露程度还是存在较大差异的。大多数人能够接受不暴露性器官的裸体艺术，裸体艺术可以无所顾忌地展现人体的背面和侧面，即使是展现人体正面的裸体艺术，一般也会采用各种手段巧妙地遮挡性器官，说明裸体艺术美与丑的评判与性羞耻有关。

根据定义，美是符合广义功利的愉悦感。从遗传功利角度考虑，携带优秀基因的人体符合愉悦的要素，健康的性器官也符合遗传功利。所以，理论上裸体艺术应该是美的。之所以一部分人认为裸体艺术不美，或只有不暴露性器官的裸体艺术才美，是因为人类具有羞耻心。暴露性器官让人感到羞耻，当羞耻感超过愉悦感时，美感就会消失。一部分人可以在隐私的环境里欣赏裸体艺术，也可以在没有异性在场的环境里欣赏裸体艺术，与夫妻或亲密情侣以外的其他异性共同欣赏裸体艺术却是尴尬的。

羞耻心产生了人类文明，艺术是人类文明的产物。羞耻心要求人不要暴露性器官，艺术要求展现事物的完美。裸体艺术的暴露程度取决于欣赏人群能够在多大程度上克服羞耻心。裸体艺术是掩盖或回避了生殖本能倾向的艺术欣赏，除特别宗教和特殊的文化外，避开生殖本能和性羞耻，没有人会否认人体的美和人体艺术，这是人类本能的心理反映。

十四、裸体艺术中的女多男少现象

裸体艺术中，展现女性身体的艺术作品多于展现男性身体的艺术作品。在一般的裸体艺术的展览中，女性裸体艺术无疑是展出的主体，男性裸体艺术可能只是陪衬。

有观点认为，男性比女性更好色，所以展现女性裸体艺术的作品多于展现男性裸体艺术的作品。这个观点显然站不住脚，因为艺术作品是为了满足人们的欣赏需要，不是为了满足好色的需要。人们将符合审美标准的裸体艺术定义为高雅艺术，将满足好色需要的感官刺激定义为低级趣味。不论男女，总是追求高雅，鄙视低级趣味。

十五、科学的审美与艺术

科学论文的论述与书写并没有审美的要求，公式推导、书写与表达同样也不要求艺术性。然而真正优秀的科学论文，其书写的格式、意思的表达、公式的推导与书写却充满了艺术与审美内涵。例如，光子能量公式 $E=hv$，h 是普朗克常数，v 是光的频率，是变量。按照一般教科书要求，函数公式的书写要求是常数在前，变量在后。$E=hv$ 符合教科书的要求，也符合一般科学家的书写审美眼光。而质能方程 $E=mc^2$，c 是光速，是常数，c^2 当然也是常数，m 是物质的质量，这里是变量。按照一般教科书的书写习惯，质能方程应该写成 $E=c^2m$，然而爱因斯坦给出的质能方程却是 $E=mc^2$，所有的科学家都认可这样的书写顺序，因为这样的书写顺序符合科学家的书写审美眼光，当然也是爱因斯坦的书写审美眼光。

曾经有物理学家在大学演讲时提到，爱因斯坦的质能方程 $E=mc^2$ 很美，是物理方程的艺术品，他认为这个方程将复杂的质能关系表现得非常直观，非常简单，并认为这个方程的推导过程就是完美的艺术。达芬奇认为绘画是科学，它要处理空间、距离、体积等投影和透视的数学问题，同时涉及解剖学、透视学、几何学、物理学和化学等多个学科问题。工程师认为精密仪器、实用机器、物理方程是艺术。可见艺术与科学是事物的不同方面，是事物的不同表现形式。艺术是抽象的科学，科学是精准的艺术。

爱因斯坦称赞说："我总认为迈克尔逊是科学中的艺术家。他的最大乐趣似乎来自实验本身的优良和所使用方法的精湛。"（《美学原理（第四版）》，杨辛 等著）迈克尔逊干涉仪价格不菲，即使是学校实验室淘汰的、二手市场里旧的迈克尔逊干涉仪也同样价格不低。然而仍有不少爱好者购买和收藏迈克尔逊干涉仪。有人说购买者是物理学发烧友，实际上大多数购买者只是刚买到仪器时做几次实验，以满足好奇心和成就感，之后就将其放在自己的艺术品展示架上，作为艺术品收藏和欣赏。迈克尔逊干涉仪的收藏者多半是懂得光的干涉原理的人，有相当一部分收藏者还是精通机械结构和实验仪器构造原理的人。光学实验的特殊性要求光学仪器必须符合实验的精密要求，使得光学仪器不能粗制滥造。同时由于迈克尔逊干涉仪的设计巧妙，使得仪器本身具有艺术品性质，实验过程也充满了艺术性。

同样是光的干涉实验仪器，杨氏双缝干涉实验同样设计巧妙，设计过程同样充满了艺术性。但杨氏双缝干涉仪的结构简单，实验仪器的整体加工要求不高，实验过程也没有特别的要求，因而很难体现实验的艺术性和仪器的艺术价值。即使是物理学发烧友，对待双缝干涉仪就像对待一般测试仪表一样，认为它只有使用价值，没有艺术价值，也没有收藏价值。

有些懂得机械结构与机械运动的人，也喜欢收藏机械钟或机械表，在他们看来，精美的机械钟和机械表，既是计时工具，也是艺术品。有些钟表产品也会投其所好，将钟表外壳做成透明质地，使内部的机械零部件充分地展现出来。实用的收藏仪器还包括二手市场的老式机械水平仪、经纬仪（地质或建筑测量仪器），它们的精度并不比现在的同类电子仪器高，然而，价格却高于后者。因为在收藏者看来，老式机械的做工远比现在的电子同类电子产品要求更高，老式的机械仪器更有艺术性，更有收藏价值。

即使是军事武器装备，同样存在艺术成分。美国的战略轰炸机 B-1B 和苏联时期的战略轰炸机图-160 在外形上有高度的相似性，苏美两国甚至互相谴责对方抄袭。然而两款飞机在细节上还是存在差异的。首先在飞机的涂装上，B-1B 通体灰黑色，图-160 通体白色。飞机不同部位的过渡部分，B-1B 比较直接，图-160 更加具有曲线感。飞行在空中，图-160 更像一只优美的白天鹅。在军迷中，大多数人欣赏图-160，对 B-1B 却没有什么特别的评价，有些军迷甚至都说不清 B-1B 的名字。作战性能是军事装备的核心要素，是否具有艺术性则不那么重要。然而现实中，人们仍然会用艺术的眼光欣赏军事装备。

第八章

时尚的哲学

时尚是当今社会普遍存在的现象,在较为原始的时期,时尚也有明显的表现。时尚是人类文明的产物,也是文明的高级形态。阐述时尚的著作与书籍很多,时尚的内容与范围也比较广泛。但时尚意识究竟来自哪里,时尚究竟是文化的产物还是本能的产物,文化与本能在时尚中分别起到什么作用,一般阐述并不多。德国哲学家和社会学家齐奥尔格·西美尔的《时尚的哲学》从哲学和社会学的角度对时尚问题做了比较深入的探讨,但该著作是19世纪末20世纪初的产物,其内容和观点受时代制约,存在一定的不足。随着时代的发展,时尚的内涵越来越丰富,从最初的以服装为核心,发展到现今社会的普遍层面,时尚的表现也经历了从大众效仿到个性化时尚的变迁。

一、时尚现象

人们常说的时尚包括:"服装时尚、美妆时尚、奢侈品时尚、娱乐时尚、建筑时尚、汽车时尚、健康时尚、旅游时尚和网络时尚。"(《时尚学》,程建强、黄恒学主编)实际上,时尚的范围远不止于此,人们的各种社会活动都可能存在时尚特征。如饮食时尚,虽然可归为健康时尚,但饮食时尚不仅与健康有关,还与文化、理念、价值观有关;称谓时尚,如何称谓不仅与被称谓对象有关,还与称谓时尚有关;价值观时尚,价值观不仅与文化、理念、政治立场有关,很大程度也与时尚有关;科学技术时尚,一般而言,科学技术的核心是事物的自然规律,是理性思维的产物,然而科学方法、哲学思想也存在时尚的现象,这些时尚的方法与思想也是科学技术的时尚内涵。总之,除了常见的、被大多数人认可的狭义时尚外,其他所有的社会活动、社会思潮都具有时尚的特征,有些时尚是有形的,有些时尚是无形的。

我们无法确切断定中国的时尚现象是从什么时候开始的,但从邯郸学步这个成语故事的内容看,至少在该成语出现的时候,中国就已经有了追逐时尚的现象。

曾经有一个小女孩,暑假随父亲出差去邯郸游玩。路上父亲给小女孩讲了许多与邯郸有关的成语故事,如邯郸学步、价值连城、完璧归赵等。小女孩对邯郸学步的典故很感兴趣,她仔细了解了它的整个来龙去脉:燕国寿陵有个少年,听说邯郸人走路很好看,于是就赶去邯郸跟人家学习步法。可是,他不仅没有掌握邯郸人走路的独特技能,而且还忘记了自己原来走路的步法,结果连路都不会走了,最后只好爬着回家。所以这个完整的成语是:邯郸学步,匍匐而归。尽管这个故事应该是虚构的,但小女孩觉得这个成语故事特别有趣,她在邯郸大街上还仔细观察了邯郸人的走路,发现邯郸人走路与其他地方没有什么不同。于是问父亲,父亲告诉她:"邯郸曾经是赵国的都城，当时赵国的综合国力比周围小国强大，很多东西都得到了周围小国的羡慕和崇拜。其实邯郸人走路并没有什么不同，只是小国青年崇拜赵国，就连一般的步法也觉得很有魅力，于是盲目模仿。"多年后小女孩又接触到"上行下效"这个成语，她突然明白，原来邯郸学步的现象是时尚中的上行下效现象。中国古代虽然没有时尚这个词，但时尚心理、时尚现象很早就有了。

近代追逐时尚的现象就更为明显。几十年前，中国青年间曾经流行美国的牛仔裤，牛仔裤也是服装市场卖得最火的服装，内地没有牛仔裤的商家还会托人到沿海地区去购买。上了年纪的父母看到孩子们趋之若鹜地购买牛仔裤，感到很纳闷：这不就是我们干脏活累活时穿的工作裤吗？其实牛仔裤在美国也牛仔们常穿的一种工作服。只是因为当时美国比中国发达很多，美国的很多东西也就被中国青年追逐模仿。当时时髦的东西还有蛤蟆镜，即一种很大的墨镜。当时美国的一部电视连续剧的男主角戴着一副这样的墨镜，但那个男主角脸比较大，戴大墨镜比较合适，而国内的许多青年脸并没有那么大，小脸戴大墨镜感觉很奇怪，看上去就像蛤蟆。但很多人并不在意是否合适，他们认为只要戴蛤蟆镜就是时髦。其实在中美关系正常化之前，中国早就有牛仔裤和蛤蟆镜，只是当时的牛仔裤叫工作裤，蛤蟆镜叫墨镜，它们都是一般的劳保用品，没有什么特别。等到中美关系正常化后，中国青年发现美国人也穿工作裤，也戴墨镜，只是美国的工作裤更紧身，墨镜更大。为了区别于中国的工作裤和墨镜，美式的包臀工作裤就叫牛仔裤，能盖住半张脸的墨镜就叫蛤蟆镜，它们都成了当时许多中国青年的时髦物品。其实，在美国的牛仔裤没有进入中国以前，有些人领到工作服之后也会适当修改，使其穿着更加合身。自从看见美国的牛仔裤之后，许多人就将美国的牛仔裤当作时装，因为不是在劳保商店买的，并且裤上还有外文商标。蛤蟆镜也是一样，很多人买了蛤蟆镜之后都不会揭去上面的外文商标，以防别人将其误认为是劳保商店购入的。

有段时间，面口袋衫也在内地年轻女孩之间流行。这种面口袋衫并没有什么特别的式样和造型，就像在面口袋上挖三个洞，将头和两个肩膀从里面伸出来。很多人难以理解这样的时尚。后来人们发现这些面口袋衫来源于香港的富太太们，很多香港的富太太到内地旅游探亲都穿着这样的面口袋衫。其实当时香港本地的年轻女孩并不穿面口袋衫，只是因为来到内地的香港女孩不多，内地能看见的多是香港的富太太。由于富太太们都不年轻，很多因身材发胖而无法穿显身材的服装，而穿面口袋衫可以很大程度掩盖发胖的身材，是一种不得已的举措。不明就里的内地女孩盲目效仿，结果没有使自己更美，而且还掩盖了自己原本美丽的身材。邯郸学步匍匐而归，用在这里虽然不一定合适，但也大致反映了某些时尚现象。

反观印度的民族服装，尤其是印度的影视舞台服装，特色明显，艺术性很强，然而印度服装并没有引起关注。虽然在同一社会结构中，"上行下效"的时尚特征已不怎么明显，但国家和地区间时尚的"上行下效"特征依然存在。印度的民族服装是很有特色的，人们常在影视屏幕上赞赏印度的民族服装，但印度的特色服装一直没有形成时尚，这与印度的综合国力不够强大密切相关。由于综合国力不够强大，他们的文化、价值观就难以成为关注对象，他们的服装也难以成为他人羡慕与追逐的时尚。国家必须具有政治、经济、军事等综合实力，才有引领世界时尚的资本，印度的综合实力远不能与美国相比。因此，美国的牛仔裤可以成为时尚，印度的特色服装却很少引起关注。

二、时尚的表现形式

时尚在不同的时期有不同的表现形式。新潮可以成为时尚，传统也可以成为时尚；精致美丽可以成为时尚，粗糙丑陋也可以成为时尚；从众可以成为时尚，个性化也可以成为时尚；追逐时尚可以成为时尚，逆时尚也可以成为时尚。实际上，当大家都以个性化为时尚时，个性化本身就成为了从众模仿的一种新的时尚变种，社会的普遍个性化实际上就是另一种形式的从众化，表面上是个性化，实际上仍然是大众化。

追逐时尚的人很在意别人对自己的看法，别人在意什么，自己就突出什么。这个在意的对象可以是真实存在的对象，也可以是自己内心想象的对象。所谓穿衣服是给自己看的，这个自己其实就是自己内心想象的关注对象，欣赏自己的虚拟对象。即使是自我欣赏的人，通常也都是出门的时候穿时装，回到家，没有外人在场的时候穿便装。如果穿时装真的是给自己看的，其穿衣行为就有可能正好相反，在家的时候穿上时装自我欣赏，出门的时候穿便装，无视他人的存在。实际上，在别人看来这样的行为可能是出于心理障碍，因为它与正常的社会心理和行为不相符合。所以真正自我欣赏的时尚是不存在的，也就是说，没有个人的时尚心理和个人的时尚行为，时尚一定是社会心理和社会行为。

时尚有不同的形式，包括群体模仿同一表现形式和个性化形式，不论是什么形式，只要形成潮流，就是一种时尚。即使是逆时尚行为，只要形成潮流，本身就是一种时尚。

三、时尚与风俗

  时尚作为一种普遍的社会现象被人们频繁地提起，广泛地讨论，而对于什么是时尚，并没有统一定义，正如权威教科书《时尚学》所说的"关于时尚的概念至今并未形成一致的观点。"（《时尚学》，程建强、黄恒学 主编）但是，该书对时尚给出了自己的定义："所谓时尚，是指在一定时期出现的一种特定的生活方式和文化现象。"（《时尚学》，程建强、黄恒学 主编）

  与风俗不同，"风"是一种流行形式，是一种时尚，"俗"是一种固定形式，是一种传统。而风俗两个字合在一起，通常特指某一地域或某一人群固有的社会文化现象。过去，地域时尚常常最终形成地域风俗。而现代，地域时尚或者扩展为广域时尚，或者短时间内消失。因为随着现代信息技术的发展，一个地域或一小部分群体的时尚，如果被大众接受和欣赏，很容易被传播开来成为大众时尚。如果不能及时被传播，该地域和该小众人群就会很快接受其他地域和人群的时尚，融入大众时尚，失去地域风俗的特点。风俗通常在相对孤立的环境内形成，与物种多样性类似，孤立的地理环境造就鲜明的生物多样性，同样造就鲜明的文化和风俗多样性。

四、时尚的专业定位

时尚究竟属于什么领域,这从国内外各高校将时尚专业设置在什么院系就可以看得出。中国高校通常将时尚专业设置在社会学或社会管理学专业,西方通常将时尚专业设置在艺术类专业或艺术院校。在中国看来,时尚问题是社会学问题,时尚属于社会现象。而西方一般认为时尚问题是艺术问题,至少时尚的核心问题是艺术学问题。

在食物紧缺的时期,人们对食物的烹饪更加精益求精,内心的意识是不能随便处理来之不易的食物,一定要认真对待。与之相反,在食物有充分保障的时期,人们对待食物的态度变得比较随意,除非是特别重要的聚餐和宴会,平时人们并不愿意在食物的烹饪上下太大功夫。在一般人看来,日常生活中有更重要的事情要做,将宝贵的时间用于精益求精的食物烹饪是不合算的。同样道理,处于物质紧缺的时期,人们对服装的加工更加精益求精,内心的意识是不能随便处理来之不易的衣料。而在物质资源有充分保障的时期,人们对待服装的态度变得比较随意,除非是特别重要的场合,平时人们并不愿意在服装的艺术性上下太大功夫。由于服装的更换周期越来越短,人们的日常服装没有必要精益求精。

早期的社会文化生活比较单调,时尚的核心内容就是服装,使服装成为时尚的重要内容就是服装的艺术性。在物质文明欠发达的时候,人们做一套服装并不是很轻松的事,服装也是个人的重要财产。在这样的条件下,人们会重视服装的制作。服装面料的优劣直接与服装的成本成正比,在服装面料确定的情况下,人们便在服装的美化与艺术性上下功夫。在物质资源匮乏的时期,人们关注服装的面料、款式、美化装饰以及服装的艺术性。在物质资源相对丰富的时候,服装并不是人们重要的物质财富,这就导致人们对服装的面料、款式、美化装饰以及服装的艺术性并不特别关心。

时尚具有社会属性，又具有艺术属性。西方把时尚定义为艺术范畴，很多艺术大学或学院开设了时尚专业。这应该是由于其时尚学研究起步于物质资源匮乏时期，那时候艺术性是服装时尚的核心内容的惯性意识。中国把时尚归为社会学范畴，中国的艺术院校或艺术院系基本没有专门的时尚专业，只有艺术设计等辅助专业开始时尚学课程。这可能是中国的时尚专业研究起步比较晚，在中国开展时尚学研究的时候，时尚已经成为社会的普遍现象，艺术性在时尚中所占的比例已经不像过去那么高。时尚的目标的确不完全是艺术，但却受艺术的影响。有的时尚因艺术性而成为时尚，但这一般是在有一定艺术修养的群体中才能够实现，或在有一定艺术修养，同时又有一定社会影响力的群体的引领下实现。而有些东西只是为了时尚而成为时尚，如乞丐服、口袋衫等。其他的社会行为，如饮食、称谓、价值观、科学方法时尚等，也与艺术无关。这些时尚属于社会思潮，是社会学范畴的问题。所以艺术只是时尚的一部分，属于狭义的时尚范畴，而广义的时尚属于社会学范畴。

五、时尚动机

时尚是人类文明的产物,是人类进入高等文明的社会现象,也是现代文明社会的活性剂,是现代文明不可或缺的内容。长久以来人们一直谈论时尚现象,但很少谈论时尚产生的根本原因。

追求时尚者渴望得到他人的赞许,这种赞许不一定要表现在口头上,重要的是发自内心。由此,追求时尚者可以获得心理上的满足感和优越感。

人是社会性动物,社会性动物总是希望自己在群体中处于有利位置。群体中地位低的人希望自己被群体所接受,以获得安全感。中间地位的人希望自己被关注、被羡慕,以求得满足感。高阶层人希望与低阶层人群拉开距离,通过低阶层人群无法达到的手段,使自己获得优越感。因此,时尚在不同社会阶层会有不同的表现形式。时尚的动机既有社会定位的心理需要,也有满足审美与彰显内心情感的需要,还有群体动物从众的心理需要。这些时尚心理一般会同时存在,只是不同时期、不同场合、不同人群会有不同的时尚心理。

时尚与羞耻都是社会生活的产物,羞耻的心理来自对自己被社会或他人所排斥的担心,是一种躲避和隐藏的心理。追求时尚出于希望自己的行为被社会或他人所接纳的心理,是一种融入与存在的心理。脱离了社会,也就没有了羞耻心理,同样也就没有了时尚的愿望。没有羞耻意识的人容易被群体所排斥,在正式的场合里,穿戴不合时宜容易被群体排斥,会导致羞耻感。具有时尚特点的个体,容易被群体所接受,因为时尚心理是一种渴望融入社会的心理。模仿、追随大多数,即追随时尚,是最容易被社会所接受的一种行为方式,这可能就是时尚的最初动机。

人是一种社会性动物,人类的生存优势在于依靠群体力量。个人的行为只有符合群体的规则，才可能被群体接受。在群体中，模仿大众和社会高层，是融入群体、被高层所接受是有效的方式。这样的模仿心理一代代传承，已经融入了人类的基因，成为人们的一种本能。即使到了现代社会，彰显个性也是要克服一定的心理障碍，个性化程度也受到群体制约。例如，你可以逆时尚展现古典，但古典的程度也是受环境限制的。你可以在考古的学术报告会上穿汉服，你可以在艺术表演场合或服装研讨会上穿一身唐装，但在严肃的学术演讲台上穿一套堂吉诃德的骑士铠甲是不合时宜的。你可以穿着很现代、很开放，但穿着泳装进入教室则很可能被拒绝。

不论是群体模仿还是群体的个性化，都体现了个体行为追随群体的趋势，然而与此同时，具有相当地位的公众人物，往往采用固定的装束、符号化的标志展现在公众面前，不管社会时尚如何变迁，他们在相当长的时期内保持风格相对稳定。不随意改变自己的风格，给人以自信沉稳的印象，一般人难以追随模仿。一旦某种形象成为某公众人物的特有形象后，其他人再去模仿，就容易陷入东施效颦的尴尬境地。

六、大众化与个性化

　　个性化行为可能带来羡慕性关注，也可能带来排斥性关注，可能带来自豪感，也可能带来羞耻感。个性化不一定是为了满足叛逆心理，也可能是为了自身的审美与情感表达的需要，这种个性化的表达如果被一部分群体接受，就可能成为时尚。"时尚根除了羞耻感，因为时尚代表着大众行为，同样地，在参与大众犯罪行为时责任感就消失了，而当个人单独这样做的时候，他会感到畏惧。"（《时尚的哲学》，〔德〕齐奥尔格·西美尔 著）也就是说，个性化的表达是需要勇气的，只有当个性化的行为被一部分人所接受模仿成为时尚的时候，才能消除被当成异类的焦虑心理。尽管个性化不一定是出于叛逆心理，但仍然可能产生叛逆的社会效果，因此个性化需要勇敢的内心。

　　群体化时期，个人往往自信心不足，尽管模仿会导致个人的表现在社会群体中不突出，个人的特质被埋没，但模仿大众，特别是模仿上层社会，可以避免个人行为突出所带来的责任和负担。"模仿给予个体不会孤独地处于他或她自己行为中的保证。"（《时尚的哲学》，〔德〕齐奥尔格·西美尔 著）希望又害怕别人关注的矛盾心理，一般发生在相对保守的环境和时期。其实人们一直有着希望自己受到关注的心理，由于内心不够强大，社会不够宽容，担心可能的责任和负担，人们宁愿选择从众，避免突出，避免成为议论的焦点。

　　只有内心强大，才有时尚创新的信心，才有标新立异的勇气。在同一环境里，与众不同的表现所带来影响和关注度，远大于群体中的一般表现，甚至大于群体中的优秀表现。当与众不同不会产生严重后果，即使个人行为不被周围人接受也不会成为灾难时，个性化就成为可能。当个性化成为时尚后，人们为了提高自己在群体中的受关注度，尽可能标新立异，即使人群中出现两套一样的服装，也会因撞衫而成为非时尚的异类，从而产生尴尬心理。当个性化成为时尚时，它也就成了群体准则，实际上也是对群体的模仿，只不过它属于更高层次的从众与模仿。在个性化时尚的环境里，如果两个或两个以上一起活动的人穿着相同的服装，同样可以引起关注。不希望和别人一样甚至害怕和别人一样，一般发生在相对开放、个性张扬的环境和时期。许多例子都可以看出，时尚的目标不一定是最优和最美的，但一定是人们最向往的和最崇拜的。

时尚总是一部分人实施，一部分人模仿，当某一时尚被大多数人所接受、所模仿，它就不再是时尚。时尚的生命就在于不断变化。当一个新行为成为一部分人的追逐目标时，就是新时尚的诞生。当时尚壮大成为多数人的行为标准时，时尚就会死亡。因为时尚须具有自己的独特性，当所有人将这一独特性作为自己的追逐目标时，它就成为社会的普遍性。时尚群体的壮大将导致独特性的消失，从而导致时尚的死亡。

七、服装与时尚

　　尽管时尚的内容丰富多样,但是人们在谈论时尚时,总是避不开服装。因为人类自从有了服装,也就有了时尚的同步发展。最初的时尚只有服装,英文"fashion"解释为时尚、流行,但它最早、最直接的解释就是时装。在时尚的盛宴中,服装无疑是主元素,其他都是调味品,失去了服装,时尚就变得平淡无味。服装创造了时尚,时尚又推动了服装的发展。到目前为止,只有时尚的服装可以称为"时装",而没有其他任何时尚的东西可以冠以"时"字。时尚使服装从实用功能扩展到文化功能,从必需品扩展到奢侈品。

　　为什么时至今日服装仍然是时尚的核心元素?这就要从服装与时尚在人类文明中所起的作用来分析。正如之前所说,服装是人类文明的最初产物,而时尚是附加在服装之上的高等文明现象,是服装向高等文明的升华。服装是人类文明起源阶段的造物,因此,服装也是时尚的起源。

　　人类文明有诸多高级的象征,然而在几百至几千年前,人类的社会生活仍然非常单调,能够体现高等文明的元素非常有限。服装是人类文明起源时的创造,直到现代,服装依然是人类文明的核心元素之一。在几百至几千年前,在现代文明元素非常有限的情况下,服装作为最早出现的文明象征之一,无疑也是满足时尚心理的最早载体。

八、时尚与社会阶层

人是社会性动物，时尚是社会性动物发展到一定阶段的产物，所有的社会性动物都需要有自己的身份认定。有些动物依靠特定的器官彰显自己的地位，如狮子的鬃毛、梅花鹿的大角、公鸡的头冠等，有些动物也可以通过打斗确立自己的优势地位，并且通过群体的记忆保留自己的地位。人类是高等动物，通过打斗彰显优势与地位的时代已经远去，用服装和配饰显示地位就成为可能，甚至成为必然。由于服装和配饰可以彰显身份和地位，使得地位低的成员希望模仿地位高的成员，而地位高的成员为防止地位低的成员获得与自己相仿的社会认同，或不断改变自己的风格，或阻止低地位成员的模仿，不可僭越规定就是阻止低地位成员模仿的一种方式。

低阶层的社会群体，即使从审美和满足内心情感的需要出发，行为表现也相对谨慎。他们一般会回避个性化的倾向，使自己在群体中获得心理上的安宁与放松，以及安全感。"弱者回避了个性化；由于责任与自我保护的需要，他们回避了对自身的依赖，弱者从典型的生活形式中找到了庇护，这种典型的生活形式阻碍强者行使有异议的权力。"（《时尚的哲学》，〔德〕齐奥尔格·西美尔 著）低阶层群体会放弃部分个性化的期望与追求，只能在大众时尚范围内做有限的选择。在社会规范允许的范围内，他们总是倾向于学习与模仿较高阶层社会群体的行为，使得自己在心理上融入较高社会阶层，在心理上获得与之相似的认同感。这种时尚心理可以总结为：上行下效。

社会中层不介意与社会低阶层为伍，对上层社会也不会特别羡慕，他们经常以自我为中心，以内心感受为标准。个性化在中层社会具有一定的生存土壤，因为中层社会人士具有一定的独立性与自信心，具有引领时尚的倾向。为了创造时尚，社会中层经常变换自己的装束，以不断获得新鲜感。只要发现改变的可能性，就试图去改变，使自己不断处于新潮与变换中。

上层社会是社会的强势群体。尽管当今社会避免将社会群体进行明确的阶层划分，但社会经济条件、社会资源、社会权力等的差异，仍然会导致社会的分层现象。从时尚的心理来看，社会上层人士不会像低阶层人士那样具有追随时尚的心理，也不会像社会中层那样具有引领时尚的心理，而是希望拥有优越感，而这种优越感是自身条件的产物，是其他阶层无法模仿的。这种时尚，过去是不可僭越，后来是无法僭越。

随着社会的不断发展，社会分层的外在表现已不像过去那么明显，人们甚至很难再通过时尚的表现来区分人们的社会阶层。然而，时尚的阶层分野在过去则是非常明显和清晰的。中国古代甚至有"不可僭越"的社会规范，即不同社会阶层的时尚活动只能在自己的阶层范围内进行，绝不容许超越阶层行事。禁止僭越的动机是防止地位低的阶层，通过与高阶层相同的活动，在人们心目中获得与高阶层同样的优势地位，从而使自己的心理优势地位被贬低。当然，高社会阶层模仿低社会阶层也是不被接受的，这种行为虽不会被处罚，但通常会被鄙视，会被指责为不成体统。这种时尚的社会分层现象在西方社会也有所表现，"时尚是阶级分野的产物。"（《时尚的哲学》，〔德〕齐奥尔格·西美尔 著）西方时尚的社会分层可能不像古代中国那么严格，这是由西方与中国的国家形态差异决定的。中国几千年来一直属于大一统的国家，具有统一的国家和社会规范，所以"不可僭越"成为了古代中国统一的规范。而西方在很长一段时期内都是城邦小国，很难形成统一的规范。即使某个城邦有"不可僭越"的规范，它也只能约束本城邦的人群，不能约束城邦以外的人群。

现代以来，不可僭越的限制被打破，下层群体效仿上层群体成为普遍现象。上层群体为了与下层群体拉开距离，往往会以与下层群体不同的表现为时尚。这种拉开距离的时尚心理，不仅反映在同一地域的不同阶层，也反映在社会经济发展存在差异不同地区。不同地区的发展差异，往往会造成小城市群体效仿大城市群体，农村群体效仿城市群体的现象。很长一段时间内，夏天穿裙子和袜子是城市女孩的特点，农村女孩往往穿裤子、不穿袜子。随着生活水平的提高，很多农村女孩，特别是进入城市的农村女孩也有条件穿裙子和袜子。过去夏天穿凉鞋的情况下，袜子也是城市女孩重要的装饰内容。当农村女孩穿裙子和袜子成为普遍现象以后，城市女孩又改穿短裤、不穿袜子了。"根据时尚总是具有等级性这样一个事实，社会较高阶层的时尚把他们自己与社会较低阶层区分开来，而当较低阶层开始模仿较高阶层的时尚时，较高阶层就会抛弃这种时尚，重新制造另外的时尚。"（《时尚的哲学》，〔德〕齐奥尔格·西美尔 著）《时尚的哲学》是 19 世纪末 20 世纪初的著作，从该书的描述可看出，西方社会上层远离社会底层的心理，至少在 100 多年前就已经存在。即使是 2010 年出版的《时尚学》教科书，仍然引用了 100 多年前《时尚的哲学》里的这个观点。这说明直到提倡人格和社会平等的今天，这种以时尚为阶级分野的心理仍然没有彻底消除。

　　时尚并不一定是美，追逐时尚可能只是底层追逐上层，上层摆脱底层的心理。只有当消除了社会阶层差异的时候，那种为摆脱底层追随而标新立异的时尚现象才会消除。随着社会不断发展，生活水平不断提高，地区、城乡差别已经越来越不明显，农村人群已经逐渐不那么热衷于追逐城市人群，城市人群也不再那么刻意地与农村人群拉开距离。人们经济能力越来越强的同时，反而更加重视淳朴的审美。"过分的装饰，往往反映内容的空虚"（《美学原理（第四版）》，杨辛 等著），这种思想也逐渐被当今社会所重视。有些城市女孩甚至将淳朴的服装作为时尚，并以之衬托高雅的气质。

九、餐饮时尚

在饥荒年代，吃野生动物是消除饥饿的无奈之举。在风调雨顺的富裕年份，野生动物是上不了大雅之堂的。即便不是野生动物，以非食用动物为食也是不被认可的，正如"狗肉上不了正席"。当今社会衣食无忧，之所以仍然有人对食用野生动物趋之若鹜，主要还是饥荒年份的饮食惯性残留。对吃野生动物有特别兴趣的大致有两类人，一类是刚摆脱贫困进入富裕阶层的暴发户，他们虽然已经衣食无忧，但食物匮乏时期对食用野生动物的记忆仍然强烈。第二类是跟随暴发户的好奇人群，潜意识里暴发户不缺吃喝，暴发户吃过的美食太多了，他们都对吃野生动物有这么大兴趣，野生动物的肉一定不错，出于好奇也要尝尝。随着环保意识的增强，社会已经明令禁止食用野生动物，甚至明确了非以食肉为目的饲养的家养动物为非食用动物。

中餐与西餐具有不同的风味，属于不同国家与地区的饮食习惯。由于近代以来，西方的发展一直领先于其他地区，西方的很多东西也就成为其他地区追逐的时尚。处于发展中地区的上流人士，常常将吃西餐作为时尚。不仅西餐的食材和做法要正宗，就连进餐方式也要正宗。哪只手拿刀，哪只手拿叉，是有讲究的。牛排几成熟有讲究，如何切也有讲究。酒杯放什么位置有讲究，倒什么酒、倒多少、每次喝多少也有讲究。餐巾怎么摆放有讲究，餐巾怎么使用也有讲究。西餐吃完后，餐具如何放置还是有讲究。总之，所有的一切都要尽可能模仿上位者的模式。

当自己的综合能力强大后，内心也变得强大，吃西餐也就没有了那么多的讲究。中餐西餐可以混在一起吃，牛排几成熟完全看个人喜欢。吃牛排不一定用刀叉，直接用筷子把整块牛排夹进自己碗里，只要牙齿没问题可以直接咬着吃。在西餐的餐具盒里可以放筷子，中餐的餐具盒里也可以放刀叉。

按照严格的流程吃西餐，是处于弱势地区上层人士的时尚，其目标不是饮食本身，而是通过底层群体难以效仿的饮食方式显示自己的高贵，显示自己强势的社会地位，满足自己的优越感。

即使在西方社会，也不是所有人的进餐方式都那么讲究。普通家庭进餐，也就是每人一个盘子一把勺，并没有那么多的刀叉杯盘，这和中国家庭每人一个碗和一双筷子没有什么区别。那种格式化西餐也只在上层社会的社交场合才出现，这种进餐方式更像是一种仪式。中国很多吃过格式化西餐的人，认为如此进食很累，而且难以饱腹。吃完格式化西餐回家后，都会再吃一碗家常的面条或泡饭。

饮食也影响着人们的身材时尚，不同时期或不同环境，人们对身材的审美往往也会有所不同。食物长期匮乏的时期或地区，胖往往象征着富有，象征着营养有保障，象征着能给后代提供必要的保障。所以这样的时期或地区往往以胖为美。在食物有保障的时期或地区，人们不担心营养不良，稍不克制就会将自己吃胖，只有在生长发育阶段，即使吃得多也不容易发胖。所以身材苗条往往是青春年少的象征，同样也象征着美。所以在食物长期有保障的时期和地区，人们就会以苗条匀称为美。

十、称谓时尚

称谓是人们的亲属关系与社会关系称呼的总和，某种人际关系对应着特定的称谓，只要个人的社会角色不变，社会称谓就应该不变。然而，同样的社会角色在不同时期也存在不同的称谓，某种称谓在某个时期也可以成为时尚。

何种称谓可以成为时尚，是由这个称谓所属的社会职业在人们心目中的地位决定的。某一职业在人们心目中的地位越高，其称谓就越可能成为时尚。很多的称谓原本只是行业内部的特定称谓，如科研或技术部门习惯称技术人员为"XX 工"或"XX 高工"（工程师或高级工程师），一个时间"XX 工"也就成为技术人员的时尚称呼。

社会上某些职业具有师傅带徒弟的性质，师傅是被人尊敬的身份，所以社会上也出现过普遍称"师傅"的现象。与师父不同，师父与徒弟既是师徒关系，也是义父（母）与义子（女）的关系。就像《西游记》里的唐僧与孙悟空，师父带领徒弟成佛，徒弟为师父冲锋陷阵。师傅与先生类似，师傅教授徒弟技能，先生教授学生知识。老师则是对学校里教书育人工作者的特定称呼。曾经有一段时间，"师傅"成了社会中的普遍称呼，不管对方的真实身份与职业是什么，称"师傅"总是受欢迎的。更早的时候，"先生"甚至是社会上一般性的尊称。随着社会生活的变化，人们开始对经济更加关注，于是"老板"又成为时尚称呼，不管对方的具体身份是什么，哪怕只是一般的打工仔，称呼"老板"总是没错的。

知识和财富都是人们追求的目标，有些知识分子会羡慕商人的财富，有的商人也会羡慕学者的知识光环。社会上曾经出现过奇特的现象：有些研究生背地里称自己的导师为老板，其中一部分原因是这些导师会给研究生发放科研补贴。给下属发补贴一般是老板的行为，所以不能给自己的研究生发放科研补贴的导师，一般不会被称为老板。研究生称导师为老板，一般只在他人面前如此，当着导师的面仍然称老师，这说明将导师称为老板是不够尊重的。其实，导师对学生背地里称自己为老板一般并不介意，也许在他们看来，被学生们叫老板，至少反映了导师的科研应用能力、经济能力、社会活动能力，证明自身并非人们习惯认知里的书呆子。

有些商人在条件允许的情况下也会资助教育，投入学术活动。只要稍有贡献，身边的人就会投其所好地称老板为老师，老板们似乎更愿意别人称自己为老师，因为老板不仅热衷于赚钱，同时更希望被冠以知识的光环。这也导致了某个时期内，教授越来越像商人、商人越来越像教授的奇特现象。

放弃原来的称呼改叫老师的现象，在演艺界也非常明显。过去，这一称呼都是用在歌唱家、音乐家、艺术家身上，后来众人都热衷于叫老师。能够被尊称为老师的艺术家一般都是有能力带徒弟的，过去他们以师徒相称，现在更喜欢以师生相称。老师原本是学校里的特定称呼，而有些艺术家并没有教师身份，但只要带徒弟，别人也会将其称为老师。从广义的角度看，将师徒关系称为师生关系也没错。从这个意义上说，所有的师徒关系都可以称为师生关系，所有的师傅都可以称为老师。其实歌唱家、音乐家、艺术家等称呼原本就很响亮，原本就很受社会尊重，也许是因为尊师重教或出于对教师职业的羡慕，他们更愿意被称为老师。老师一称由教师的职业称谓演化而来，所以对非教师职业的人员称老师，是时尚的尊称。

也许教师的职业特点决定了其言行举止都需要一定的约束，其言行对学生有着特殊的示范作用，所以身为教师必须努力做道德的楷模。正是这一职业特点，成为教师职业受尊敬和被羡慕的根源。

十一、时尚的男女差异

在对待时尚的态度方面,男女存在差异。一般而言,女性对时尚,特别是对服装时尚的热情要高于男性,这种现象不仅存在于当代,早在18世纪之前就有所显现。历史上也许有过男性主导时尚的时期,那也一定是由于女性的社会参与度受限。只要女性参与到社会生活中来,时尚通常都是女性的天地,至少服装时尚如此。

由于古代社会是男性所主导的社会,女性参与社会活动受到限制,这一时期底层社会的女性也就没有参与时尚活动的机会。能够对时尚产生影响的只有上层社会的女性,甚至只能是帝王身边的女性。历史上曾有过环肥燕瘦的时尚倾向,不管是唐朝的杨玉环还是汉朝的赵飞燕,她们都是帝王身边的女人,其地位是民间女子无法企及的。即使是千古不遇的稀世美女西施和貂蝉,尽管她们距离帝王已经非常接近,也没能引领时尚。其他绝世美女妺喜、妲己、褒姒等更是所谓亡国败家的红颜祸水,是无能国君的替罪羊,更不可能引领时尚。即使民间羡慕帝王身边女子的穿戴,由于不可僭越,也不可能对她们进行模仿。古时男性社会的时尚一般表现在文化风格上,如书法、绘画、诗词、小说等方面,服饰与装束的流行一般是根据实际的需要而产生。如春秋战国时期赵国提倡的胡服,与其说是时尚,不如说是为了作战需要而进行的军事改革。

随着女性参与社会活动,女性在时尚中的地位就越来越显要,直至后来逐步成为时尚的主角。女性成为时尚主角后,男女的时尚差异也越来越明显,这种现象在《时尚的哲学》中得到了明确的描述,即女性对时尚的热情高于男性。但作者对产生这一现象原因却给出了不同的解释,他认为:"男人在本质上较少忠诚,他们通常不会与所遇到的绝对性以及对重要兴趣的专注维系一种情感关系,因而他们也就不需要外在的变化。确实,男性对外在领域中的变化不怎么接受,对表面的时尚也不怎么在乎,这不是因为男性比较同一化，而恰恰是因为男性是更加多样化的生物，也正因为这个原因，男性可以在没有外在变化的情况下存在。"（《时尚的哲学》，〔德〕齐奥尔格·西美尔 著）作者的上述的描述说明，男女在时尚方面存在差异，并且男性对时尚表现得不怎么在乎。男性对新鲜事物的专注度通常高于女性，这在好奇与冒险方面表现得尤为突出，男性的确不太专注静态的事物。从这方面讲，男性本应比女性更加关注不断变化的时尚。然而事实恰恰相反，尽管男性对新鲜事物更加感兴趣，但对待时尚的热情仍然远不如女性。因为，不断变化的只是时尚的表现形式，时尚的性质和内涵并没有变化，时尚的规律并没有变化，这可能就是男性对时尚缺乏兴趣的原因。

男女对待时尚的态度的确存在明显差异，它表现在两性对待不同时尚对象的态度上。服装及其配套的穿戴时尚方面，女性显然比男性更有热情，时装商店基本是女人的天下，T台表演也是以女性为主角。而餐饮时尚则是男性的天下，男性可能舍不得给自己买一件时装，但在餐饮方面却表现得大手大脚。其他时尚，如旅游、健身、汽车、手表、家庭装修等方面，男女的时尚态度并没有明显的差别。

服装是展现外表的重要载体，不同的服装可展现完全不同审美效果。民间俗语"人靠衣装马靠鞍"，就充分说明衣装对展现人的外貌有多么重要。

十二、舞台服装时尚与商业服装时尚

在影视戏剧中,服装可能是最重要的视觉元素。一部优秀的影视戏剧作品可能影响一代人,影视戏剧中的优秀服装可能影响很多年的服装流行趋势。影视戏剧对时尚有着特殊的、重要的影响,影视戏剧服装不是一般的时尚服装,它是赋予了灵魂的时尚。它首先必须满足影视的剧情需要,因此,它也就被赋予了影视戏剧的灵魂。人们不是为了时尚而设计影视戏剧的服装,是影视戏剧的传播影响力、舞台感染力、艺术表现力引领了时尚。

舞台服装是表演服装,T台服装也是表演服装。舞台服装的目标是艺术,时尚是结果,T台服装的目标是市场,时尚是手段。

T台服装追逐商业利益。很多企业做慈善事业、搞公益演出,虽然这类活动可能并不直接为某一具体商品服务,但大多数企业都会要求打出自己企业的商标或企业的名称,通过活动增加企业或品牌的知名度。

植入式广告有公益与商业的双重性质,是舞台艺术与商业行为互惠的现象。植入式广告可以为舞台艺术提供经济支持,有利于舞台艺术的繁荣与发展,而观众对植入广告的负面感受又会影响舞台艺术对时尚的影响力。如何把握植入式广告的方式与尺度,本身也是一门艺术。

论穿衣走台效果,T台模特的身材优势、步伐优势、气场优势明显强于影视演员。然而,人们能够记住的恰恰是优秀的舞台服装,而对T台服装的记忆却短暂得多,舞台服装对时尚的引领作用也比T台服装更加明显。如《蒂凡尼的早餐》中奥黛丽·赫本的服装对时尚的影响,秀兰·邓波尔电影里的发型、服装对童装时尚的影响,《杜拉拉升职记》中的服装搭配与审美观对当时服装时尚的影响。

商业服装的时尚特点是追逐时尚、引领消费,舞台服装的时尚特点是追逐艺术、引领时尚。

十三、时尚周期

早年时尚的周期一般都比较长,动辄就是一代人或几代人,江山代有才人出,各领风骚数百年。二战结束后,西方的时尚周期也能达到十几年至几十年,70年代后,时尚周期一般只有一两年,90年代后,时尚周期只有一两季。为引领消费,时尚的周期越来越短,市场不堪重负,消费者审美疲劳、精神麻痹。时尚变化频繁,但艺术创作需要一定的时间积淀,时尚的挖掘也需要一个过程。时尚的过渡挖掘是否会使艺术灵感油尽灯枯?时尚的发展是否会走入歧途?时尚的快速变化使得时尚的艺术创新性越来越不明显,许多人只在意时尚的变化本身,甚至认为只要不同就是时尚。过去的服装时尚会在审美与艺术上下很多功夫,花费很大成本。现代时尚已经没有时间花在艺术与审美上,甚至在材质与做工上也不会下太大成本。因为时尚周期太短,从业者很难在短暂的周期里精益求精。

十四、回归自然时尚

由于世界不同区域的发展不平衡,有些与世隔绝的原始部落至今仍不穿衣服。但只要与外界交流,传统的习俗就容易发生改变。在原始部落中,男性只用简单的遮羞布遮挡性部位,女性只用草裙围住胯部,其余部分都是裸露的,脚上也不穿鞋。当他们与外界有了接触,年轻人便开始穿牛仔短裤,年轻女孩还穿起了抹胸吊带衫以及时尚的旅游鞋,俨然外部发达地区的时尚装束。

与此同时,发达地区的年轻人却希望拥抱自然、回归自然。甚至想学伊甸园里亚当和夏娃,回归没有性羞耻意识的纯真。然而人类毕竟已经是智慧生物,性羞耻是智慧和文明的必然反应。

所以,无论怎样回归自然,无论怎样纯真,获得智慧的人类都无法抹去性羞耻意识,裸奔仍然很难被获得智慧的人类所接受,因为已经获得智慧的人类无法超越物种的界限,再重新回到蒙昧的裸体时代。现代的原始部落中,只要父母不阻止,只要部族长老不反对,追逐文明时尚并不存在阻碍。因为从原始走向文明是进步的表现,是人类进化追逐的目标。而从文明退化到原始,从智慧退化到蒙昧却是困难的,因为它违背了人类的进化方向,违背了人的本能和潜意识。

第九章

文明的本能

一、文明的起源

（一）文明的标志

对于文明，学界一直存在不同的解释。《辞海》的解释是：社会的进步状态；《词源》的解释是：有文化的状态；《中国大百科全书》的解释是：人们在改造世界的过程中，所创造的物质财富和精神财富的总和，是社会进步和人类开化状态的标志。文明的其他解释包括：人文精神、发明创造、改造自然的能力等。文明的要素包括：家庭、社会、乡村、城市、国家、工具、语言、文学、艺术、宗教、哲学、科学等等。对于什么是文明，时至今日仍然没有统一的解释，也没有明确的标志。人们的文明概念只是一种相对的进步状态，很难用某种明确的标志来表示。

从文明的范围看，文明包括广义和狭义两层含义，广义文明是指社会的进步状态，狭义文明是指个人的修养。从文明的类型看，文明包括物质与精神两个层面。物质层面是人类改造自然界的物质成果的总和；精神层面是改造主观世界的精神成果的总和。

人是文明物种，文明是人类所独有的特征。文明是人类精神活动的产物，即使是物质文明，也是以人类精神文明为驱动力而创造产生的。精神文明是人类在改造客观世界的过程中所取得的精神成果，是人类智慧、道德的进步状态。人不是突然产生的，而是一个历史过程。人类独特文明的形成也是一个过程。今天人们谈论的文明，都是文明的高级形态。人类文明的初始形态是什么，最早的文明标志又是什么？从生物学的角度看，可能很难从某个特定特征来定义人。如果用文明来定义人则比较容易，因为文明是人类特有的特征。然而，当今人们谈论的文明大多数都是文明的高级形态，不同地区、不同文化、不同发展阶段的高等文明存在很大差异，并且不同学科之间也会存在不同的评价标准。

这里需要探讨的不是文明的成果，而是文明的起源。文明究竟是自然选择的结果，还是用进废退的结果，这些问题上并没有系统的理论和成熟的观点。判定人的标志性文明意识或标志性文明表现，显然不能采用人类的高等文明意识与现象，而应当采用最底线的文明意识和现象。我们这里所说的文明不是发展水平的高低，不是区域和文化的差异，而是人类共同认可的文明标志。它没有高低之分，没有地区和文化差异，没有先进和落后之别。底线文明指一种状态，一种标志，与"野蛮"状态相对立。文明不是以个人或一部分人的意志为标准的，而是以人类普遍的认知，甚至是以人的本能为依据的。

文明不能仅仅表现为力量、能力或物质水平，因为这些因素可能只是一部分人拥有并认可的。文明也不能仅仅表现为先进的文化，因为先进文化也只是一部分人拥有并认可的。认为先进的发展水平和先进的文化就代表先进的文明也会引发争议，因为这很容易掉入社会达尔文主义的陷阱。从前面的分析可以看出，达尔文的生存竞争和适者生存理论只适用于繁殖量巨大的简单生命体，而用进废退的进化法则适用于低出生率的复杂生命体。所以，将生存竞争和适者生存引入人类社会显然是荒谬的，甚至是野蛮的。

底线文明应该是人类普遍认可的行为准则，这一准则，不论置于先进地区还是原始落后的地区，都不应该存在争议。这种行为准则甚至不是文化的产物，而是本能的产物。这一准则理论上可以作为判断"人是否真正为人"的标志。

如果在野外发现人形生物，一时无法断定他属于人还是动物时，如果发现他在使用火，人们会毫不犹豫地判定他属于人。如果发现他用东西围住胯部，知道遮羞，人们也会毫不犹豫地判定他属于人。会用火，说明他有了人类最基本的物质文明标志，与动物有了本质的区别；会穿衣服，知道遮羞，说明他有了人类最基本精神文明标志，同样与动物有了本质的区别。

（二）火

对动物来说，生命的终极目标是繁衍，食物是保障繁衍的必要资源。有了食物才能保障生命的存活和生长，才能保障最终的繁衍。获取食物资源几乎是动物一生的主要活动。对高级动物人类来说，食物也是不可或缺的。但是人类对待食物的需求不仅仅是果腹与生存。在食物资源有了保障之后，人类逐渐产生了食物方面的精神追求。动物进食都是争先恐后，甚至大打出手。人类有了美食，却总是希望与亲人朋友一起享用。虽然食物也是人的重要生存资源，但饮食已经成为人类文化的重要组成部分。人们出门旅游，除了观赏奇风异景、体验风土人情外，品尝特色美食也是重要内容。

动物有自己的进食之道，那就是抢，偷，先吃软的后吃硬的，先吃内脏后吃肉，最后再啃骨头。人类也有自己的饮食之道，那就是：食者，人之大事，死生之为，存亡之道，不可不究也。上食猎奇，其次求异，再次谋味，其下果腹。果腹之举，为不得已也。我们现在不知道人类最早用火的目的是什么，是照明、取暖、驱赶野兽，还是烹饪？

比较主流的观点认为，火对人类的最初贡献是烹饪。自从人类学会了用火，也就产生了饮食文明。火使人类摆脱了茹毛饮血的野蛮进食方式。今天，先进的灶具可以烹饪出美味佳肴，而人们还是对野外烧烤情有独钟，但不会再去尝试茹毛饮血。烧烤是人们对饮食文明起源的怀念，而茹毛饮血的野蛮进食方式并不是人们怀念的对象。用火烹饪食物并不仅仅催生了饮食文明，更是对人类的进化产生了实质性的影响。

大脑是人体耗能最多的器官，它不仅仅需要大量的营养，同时对营养的加工方法也有要求。狮子从不吃素，它们的食物只有肉，狮子虽然可以长出硕大的身躯，但脑子却不发达。如果人类不改变自己的食物处理方式，天天茹毛饮血，也可能会像狮子一样，四肢发达头脑简单。"人类学家理查德·兰厄姆曾提出这样一个假说：食物烹饪技术是促进现代人类出现的关键因素之一。"（《进化心理学（第4版）》，〔美〕戴维·巴斯 著）兰厄姆的观点得到了不少人的认同，但该观点仅仅是一种假说，学界并未对此形成统一认识。不可否认的是，用火烧烤食物可以使食物更加卫生，很大程度减少寄生虫在人体内的泛滥。用火烧烤过的食物更容易咀嚼、消化，更容易被人体吸收。食用烧烤过的食物比食用生食看上去更加文明。

人类究竟是什么时候学会用火的，至今并没有权威的数据。有的研究认为人类至少在 50 万年前就学会了用火，这个时间与人类服装出现的最早时间吻合。也有研究认为，早在 100 万年前人类就已经学会了用火，这个时间与人类大脑快速增大的时间吻合。不过，究竟是人类用火烹饪食物才促成大脑的进化，还是大脑的进化推动人类学会用火，却是一个问题。

但有一点是可以确定的，即学会了用火才使得人类进入青铜时代、铁器时代。在高度发达的今天，火仍然是人类活动的重要元素。如今，火的使用方式已比远古有了很大扩展，除了远古时期就开始使用的常规火以外，人们还掌握了蒸汽机、内燃机、火药、火箭等火的高水平应用。火是人类物质文明的基础，是人类物质文明的最早象征。环顾整个地球，只有人类是会使用火的生命。自然之火是不受控制的、没有灵魂的野火。人类的火是受控之火，是灵魂之火。火不仅照亮了漫长的黑夜，更照亮了人类的灵魂。

（三）服装

人是从猿进化而来的，这是目前的共识。从猿进化到人是一个漫长的过程，那么人与猿的区别是什么？区别的关键标志是什么？人类与其他动物的最大区别不是在能力，而是在文明。服装是人类从灵长类动物进化成人的重要标志。有了服装，人类才称得上真正意义的人，服装伴随着人类的进化，推动着人类文明的发展。人类对服装的需求不是生存，而是为了文明，服装是人类为了文明而发明的必需品。现代人类有很多不是为了生存而使用的必需品，服装无疑是其中最重要的。人类有许多划时代的发明创造，它们将人类从一个时代带入另一个时代。但没有一件发明创造像服装那样，将人类从一个物种带入另一个物种，服装是人类划物种的发明创造。

有观点认为，生存是人的第一需求，没有了生命，其他也就无从谈起。这就要看怎样定义人，如果是生物的人，生命当然是第一位的，生命是所有生物的第一选择。如果是社会的人，那就另当别论了，文明是社会人的基本表现，文明是人类附加在生物之上的更高特征，是人类与其他生物区别的重要标志甚至是关键标志。穿衣服就是人类文明的最基本、最直观的体现。在极端情况下，人也许会暂时顾不上穿衣而优先逃命，此时的人实际上只是生物的人。但只要情况稍加改善，人就会立刻第一时间回归穿衣的意识，第一时间回归社会的人。而动物即使吃饱喝足，也不会对衣服感兴趣。

当然，现有教科书并没有将服装的出现定义为服装时代的开端。教科书中的时代都是以能力来划分的，包括：石器时代、青铜器时代、铁器时代、蒸汽机时代、电气时代、原子时代、信息时代等。蒸汽机时代以前，所有时代都是以工具材料的材质划分的，并且这些材料的材质都可以长期保存，有利于考古发掘。而动植物蛋白及纤维等材料并没有包括在内，因为这些材料并不一定都是用作工具，而是用于保护、装饰以及辅助等用途。

人与动物的关键区别并不在能力，而在于意识，在于精神。在绘画与文字出现前，人的精神活动无法记录和保存，后人无法获得古人类精神活动的直接证据，只能根据相关的物质存留进行间接的推测。大多数人类考古都仅限于物质考古，反映的都是人类能力的进化过程，很少能够直接反映人类的精神进化过程。我们不知道服装出现出现在石器时代（或木器时代）之前还是之后，但可以肯定的是，兽皮服装一定是出现在石器时代（或木器时代）之后。在没有兽皮的时代，人们可以用植物纤维做衣服或草裙，直到有了切割工具（石器或木器），人类才可以获得大块的兽皮，以制作皮衣或皮裙。

服装的出现究竟首先是为了保暖还是遮羞？根据环境温度的不同，原始服装的式样也会不同。热带地区不需要保暖，服装只需要将臀部围起来，有的原始部落男性甚至仅仅是将生殖器遮挡起来，这种服装仅仅是为了遮羞。而在寒冷地区，服装需要具备保暖功能，包裹的部位要比热带地区大得多，寒冷地区的原始服装也许就像蓑衣那样，既可以保暖，也可以遮羞。根据人类学家的研究，人类的远古祖先诞生于非洲，今天世界各地的人类都是从非洲走出来的。如今，世界上基本没有完全不穿衣服的族群。也就是不管炎热还是寒冷，人们都会穿衣服，所以服装的原始功能应该是遮羞，保暖是服装的附加功能和延伸功能。当然，寒冷地区服装的保暖功能也同等的重要，甚至关乎人的生死存亡。但人类毕竟是从热带地区走到寒冷地区的，因此服装先满足遮羞的需要，再到满足保暖的需要。因此服装的原始功能应该是遮羞。

用火与穿衣都可以作为人与动物的关键区别，但二者的原始动机则完全不同。最初用火是为了烧烤食物、取暖、夜晚照明、驱赶野兽等，这些都是为了生存，是物质文明的象征。为生存和繁衍而努力，这是所有动物共同的特征。而穿衣服不同，原始的穿衣动机不是生存，而是遮羞，这是人类精神文明的象征。

为了冬天御寒、夏天避暑，为了抵御野兽的袭击，有的动物可以挖洞，有的动物可以在树上筑巢，并且在洞里或巢穴里铺垫松软的树叶、蒿草、兽类的毛发、飞禽的羽毛等。我们可以认为这些洞穴或窝巢就是动物的家，也是动物的床。人类也有过穴居或树息的历史，即使在现代，我们仍可以看到窑洞或树屋。窑洞或树屋是人类在物质匮乏时，为了生存而建造的家园（不包括体验自然或以旅游为目的建造的）。有了物质条件，人们的建筑就不仅仅是为了居住，还有更多的文化内涵。例如，房屋的建筑造型、艺术装饰、文化品位等，都会成为人们关注的对象。许多房屋的建造成本中，建筑造型、艺术装饰、文化品位等所占的比重越来越高，而基本居住产生的开销所占比例越来越低。

人类最初用火的目的是生存；最初使用工具——石头、木棍等是为了生存；最初的建筑——洞穴、树屋等是为了生存。这些行为和目的与动物并没有本质的区别，都是为了生存与繁衍而采取各种手段。但是遮羞的衣服却不是为了生存，遮羞的衣服与美化的配饰不同。为了生存，人可以放弃配饰，但不会放弃遮羞的衣服。我们似乎找不到比衣服更早的，不是为了生存而出现的必需品。我们难以想象在服装出现以前有宗教、哲学、科学的存在，因为它们是文明等高级形态，而服装是最基础的文明。服装出现以前没有文明史，只有蛮荒史。服装是人类文明的重要标志。

虽然火与服装都是人类文明的特征，但若想成为真正意义上的人，二者缺一不可。如果荒野上有一群人形生物在赤身裸体地使用火，人们会产生疑惑，因为他们有了物质文明的特征，却没有精神文明的表现，人们可能将其定义为野人。如果发现他们围着草裙茹毛饮血，人们也会产生疑惑，因为他们有了精神文明的表现，却没有物质文明的特征，人们可能也会将其定义为野人。如果发现他们围着草裙吃着烧烤，人们则不会产生疑惑，因为他们既有了精神文明的表现，也有了物质文明的特征，他们是真正意义上的人。所以，人类文明是物质文明与精神文明的总和。

二、基因传承与文化传承

对于原始生命来说，后代的性状与习性主要来自基因，变异与自然选择是基因进化的主要方式。变异是随机的，自然选择是被动的。有益的变异是极少的，自然选择淘汰掉绝大多数有害的变异，保留极少数有益的变异，这个过程极为漫长。正如达尔文自己所说："如果我的学说正确，那么远在寒武纪最底部沉积以前，地球就一定会经历一个长久的时期，这个时期大概有寒武纪到现在的整个时期这样长久，或许还要更长。"（《物种起源》，〔英〕达尔文 著）寒武纪是古生物化石集中出现的时间点，寒武纪之前的古生物化石研究一片空白。现代科学研究表明，早在38亿年前，地球上就已经出现了生命。也就是说，从38亿年前至5亿年前的寒武纪，其间30几亿年的时间，古生物都没有留下化石。根据出土的化石可以发现，寒武纪的生物化石都是外骨骼类化石，而具有外骨骼的生物都是拥有自主行动能力的生物。由此可以看出，至少到寒武纪，地球上已经进化出了具有自主行动能力的生命。当然这并不是说寒武纪之前就一定不存在具有自主行动能力的生命，软体动物也是有自主行动能力的，但它们却难以留下化石。我们不能断言地球生命从出现到具有自主行动能力需要30几亿年的进化时间，但从寒武纪行动缓慢笨拙的小型生物进化到现代大型动物的祖先仅用了2000万年的时间看，那些拥有自主行动能力的生命，进化速度显然远远快于无行动能力的生命。自然选择的进化法则适用于无行动能力的微生物，用进废退法则适用于可自主行动的动物。显然动物的进化速度快于微生物。

微生物的所有进化基础来自前辈的基因,进化动力来自不确定的变异与自然选择。动物的进化基础既来自前辈的基因，又来自一生的实践，也许变异与自然选择只对动物的进化起到辅助作用。动物的进化更大程度依赖趋利避害的自主选择、自主适应、自主学习。谈到学习，很多人会认为这是人类所特有的行为。然而实际上，这只是由于人类的学习现象更加明显，学习效率更高。尽管动物不像人类这样有明显的学习意识和学习行为，但它们的学习行为却是真实存在的。学习需要大脑，需要脑容量，大脑越是发达，学习能力越强。

黑猩猩母亲会在幼崽面前用石头或木头敲打坚果，幼崽通过观察，也会模仿母亲的行为。最初，黑猩猩幼崽总是随机选择石头或木头作为工具，这些工具或因为太大而难以使用，或因太小而力量不够。通过不断的练习，黑猩猩幼崽逐步学会了在敲打坚果前选择合适的工具。黑猩猩幼崽模仿母亲敲打坚果，以及逐步选择合适的工具，这些显然是涉及模仿与摸索的学习行为。在工具选择方面，不同的黑猩猩族群有不同的特征。有的黑猩猩族群只选择石头，有的只选择木头，有的两种都用。黑猩猩族群的选择行为，实际上已经具备了文化特征。

即使没有黑猩猩这样较为复杂的学习行为，家养的猫、狗也都听得懂主人的召唤，都记得住自己的名字，知道在什么地方吃东西，在什么地方上厕所。什么地方的食物可以吃，什么地方的食物不允许吃，至少有主人在场的时候，它们知道应该怎样做。智力稍弱一点的家禽大多数也能听得懂主人的召唤，而对陌生人的同样召唤无动于衷。

大脑越简单的生命，后天的行为能力越依赖本能和基因的遗传。基因原始的物质基础仅有一个生殖细胞，相比于百万至百亿的脑细胞，单个生殖细胞能够储存的本能信息显然少得多。拥有大脑的动物，后天能够获得的能力比基因留给生命的能力多得多。因而，拥有大脑的动物，进化速度比没有大脑的生命进化速度快得多。有意识活动的大脑是生命进化的发动机，它比自然选择高效得多。脑容量越大、智力越发达，进化速度越快。

动物的学习以本能为引导。在本能的驱使下，动物通过幼时的玩耍，无意识地学习成年后必要的生存能力。成年后，动物通过趋利避害的本能行为进一步学习新的能力，并主要通过基因传承，部分通过传授，将学习的能力传给后代。基因传承是一个漫长的过程，少则需要几代，多则需要几百代，才能将祖先的习惯变成基因里的本能。动物的学习一般只能在亲子之间进行，智商稍高的动物也可以在族群当中相互学习，但知识的积累只能依靠大脑的记忆传承。脑容量越大，能够记忆与传递的知识就越多，学习信息的极限就是大脑的容量。

第九章　文明的本能

　　人类是有明显学习行为的动物，在所有动物中人类的大脑是最发达的，学习能力是最强的。即使这样，人类也难以仅靠大脑存储所有知识、能力以及文明的成果。早期人类祖先采用结绳记事、岩画、特殊器物的雕刻花纹等记录简单的信息，在此基础上逐渐产生文字。有了龟甲、竹简、羊皮、绢帛、纸张等记录载体，人类知识记录更加高效。文字及图形记载可以大大弥补脑容量的不足，可以将前人的知识和能力，通过文字和图形传递给其他人及人类的后代。这使得祖先的知识和能力可以不断积累，世代相传，使得人类的进化速度不断加快。当然，人们习惯于将性状的进化称为进化，将文明的进化称为发展。进化还是发展，只是针对不同对象的不同定义，其含义并没有本质的区别。

　　从进化的角度看，自从人类有了文明，文明的进化速度便远远快于人类性状的进化速度。人类后人可以采用接力的方式，在前人的知识基础上快速提高，而不必凡事都要从头开始。因此，人类的进化比仅依靠基因的进化更高效。

三、好奇与冒险

人们在观察自然界时，往往越是没见过的景色，越是好奇。然而，根据一般的规律，越是没见过的景色，就越是充满不确定性，越是充满风险。美丽的雪山很美，但往往越是美丽的雪山就越是不适宜居住，越是存在不确定的自然风险。自己家门前的大山年年积雪，这一熟悉的环境相比于不熟悉的大山风险更小，尽管它也很美，但年年看也就没感觉了。探险是许多人的爱好，"无限风光在险峰"，探险与对未知世界的探索一样，都是为了满足人类的好奇心和求知欲。

人对不确定美景的欣赏，似乎不符合美的定义，即尽管满足好奇心可以带来心理愉悦，但它是有风险的，可能是不利的。但即便如此，为满足好奇心而探索可以让人类开拓更多的地理空间，发现和掌握更多的自然规律，带来可能的新家园、新资源，其利益远高于可能的风险，总体是利远大于弊。所以，未知的景色往往更美。人类对未知自然美景的欣赏往往大于已知美景，有人称此为审美疲劳。其实这就是人类对已知世界缺乏好奇心，因而美感降低的表现。好奇心可以带给人丰富的想象力和更高的预期，这也是对未知世界美感的来源。

求知欲是人们好奇和冒险的另一种表现形式，从万户（明朝官吏陶成道）飞天被炸得粉身碎骨，到各种前赴后继的拟鸟飞行，在真正的飞机发明之前，多少人为圆飞行梦而献出生命。然而，如今航空航天技术带来的利益远大于人类曾经为飞行探索而付出的牺牲。西方谚语"好奇害死猫"，指出了好奇心存在的风险。人类的好奇心比猫更甚，动物遇到危险往往选择逃避，放弃冒险，而人类遇到危险往往更能产生好奇心，想方设法也要弄个水落石出，否则寝食难安。因为好奇心推动人类对自然规律的掌握，其利益远大于可能的危害。

人们通常会将科学研究看作伟大的事业，然而绝大多数科学家从事科学研究，并不是贪恋它的伟大，而是出于对研究对象的兴趣，更确切地说，是为了满足好奇心和求知欲。科学技术是人类文明的重要组成部分，也是人类文明的重要体现，是人类文明的高级形态。好奇与求知欲是人的本能表现，在人的底层潜意识中，好奇与求知能够带来的利益是不可估量的。这种潜意识并不会显现出明显的算计，它只是人无意识的本能反应，外在表现就是好奇与求知。很多科学成果刚出现时，并没有给研究者带来实际利益，它仅仅满足了研究者的好奇心与求知欲。但是到了后来，科学成果的实际应用带给人类种群的利益却是巨大的。

相比成年人，小孩更容易对新鲜事物感到好奇，更加愿意冒险。这说明好奇与冒险来自人的本能，是人天生具有的秉性。对新事物保持冷淡、稳健、有定力则是成熟的修养，是后天形成的特点。对未知事物作出的好奇反应和冒险渴望，或多或少会超出一般思维和行为范畴，与已知的、常规的思维和行为发生冲突。未成年人、年轻人不太介意这样的冲突，年长者则尽可能将思维和言行限定在已有规范之内，尽可能对变换的事物保持足够的定力。所以，好奇冒险来自本能，稳健定力来自修养。

很多科学发现、科学发明，都来自于好奇心与求知欲。长期以来，人们对自己生活的世界充满好奇心，从用肉眼观察日月星辰，到用望远镜观察广袤的宇宙，逐步产生现代科学体系。从观察物种间的相互关系，到产生进化论。不断地寻找不同的答案，可以持续地在科学领域开疆扩土；只寻求标准答案，只能站在原地抱残守缺。

好奇心使人类更愿意冒险，不断迁徙，不断发现新的生存空间和生存资源，不断提高人类自身的能力。由于人类的好奇和不断的探险，在现代以前，人类就已经是地球上分布最广的物种。鸟类有翅膀，运动速度比人类块得多，移动空间比人类大得多，理应比人类分布更广。然而据观察，同一种类的鸟，分布地域远不及人类广。尽管有些候鸟可以长途迁徙，但冬夏两个季节的生活区域一般都不大，当栖息地环境遭到破坏时，将有可能影响候鸟的生存和繁衍。所以，物种分布是否广，不是看它能飞多远，而是看它能想多远，愿意走多远。

四、利己主义与利他主义

人的思想与行为无不反映出心理的动机，其背后是潜藏的功利。人们的思想行为动机，不是受狭义功利的驱使，就是受广义功利的驱使。若非如此，思想与行为本身就变得毫无意义。很多情况下，人们宁愿自己遭受损失也乐意帮助别人，因为帮助别人会使内心产生与审美类似的愉悦感，可谓"送人玫瑰手留余香"。这种比喻只是哲学意义的表面解释，若能手留余香，为什么要将玫瑰送人呢？手拿玫瑰不是更香吗？人们之所以宁愿自己遭受损失也愿意帮助别人，主要还是内心受到了人类广义功利的驱使。当个人行为带来广义功利的结果时，人的内心便产生愉悦感。

从生命存在的功利出发，生命不会做毫无意义的事情。"利他行为也称利他主义（altruism），指的是一个个体的行为为接受者带来好处的同时，对行为完成者造成损失。"（《进化生物学》，沈银柱、黄占泉 主编）为了追逐个人的狭义功利而损害他人利益，甚至损害人类的广义功利，就是利己主义，是自私的、罪恶的。为了满足他人的利益，以及追逐人类的广义功利而牺牲个人的狭义功利，就是利他主义，是无私的、善良的。既不损害他人利益，也不损害人类的广义功利的追逐个人狭义功利的思想与行为，既谈不上自私也谈不上无私，既谈不上罪恶也谈不上善良，它属于没有善恶界定的一般行为。在谈论自私与无私、罪恶与善良时，之所以要将思想与行为一并包括在内，是因为不受动机驱使的无意识行为，并不存在自私与无私、邪恶与善良的界定。只有在狭义功利与广义功利发生冲突时，通过自己选择的行为，才能够体现出利己主义与利他主义的概念。

动物都有趋利避害的本能，动物的利既是个体的利，又是基因的利。为了基因，动物可以拼命，可以牺牲自己保全后代。群体动物可以与同类分享食物，可以冒险救助同类。利己还是利他，为私还是为公，这当中都有利益的驱使。人性本善还是人性本恶？是人们一直以来争论的问题。人在不同的时期和不同的环境中，可以有不同的善恶表现。即使是同一个人，在同一时间、同一环境中，也可能同时出现善恶两种意识。人性的善恶不能用个人或少数人的反常表现来衡量，而应该用整体社会现象来观察。人性的善恶具有两面性，在生存环境由差向好、生活条件由低向高的发展过程中，有些地区的人们普遍表现出绅士风度，彬彬有礼，乐于助人，表现出人性善的一面。当生存环境由好向差退步、生活压力逐渐变大时，他们的行为往往表现出丛林法则，愤愤不平，易怒，易于攻击，甚至热衷于侵略掠夺，表现出人性恶的一面。

人，既是生物的人，也是社会的人，在遇到一个对象时，会同时产生狭义功利和广义功利两种不同的思维结果。当狭义功利与广义功利不冲突时，人们会毫不犹豫地用思维结果驱动自己的行为。当需要牺牲少部分个人利益来满足大众的广义功利时，选择个人利益就是自私的，选择广义功利就是善良的。当需要牺牲大部分甚至是全部个人利益，来满足大众的广义功利时，选择广义功利就是高尚的。用损害他人利益，损害大众功利来满足个人的狭义功利，就是邪恶的。

倘若狮群中只有一头狮子努力狩猎，其他狮子坐享其成，狩猎的狮子就处于生存劣势。因为仅一头狮子狩猎，它就要消耗更多体力，就更容易受伤，狩猎成功后它更没有体力与其他狮子争夺食物。如果狮群中有更多的狮子努力狩猎，成功的概率更高，每一头狮子平均付出的体力更少，受伤的概率更低，狮群获得的食物更多。多头狮子努力狩猎的狮群，就会比单头狮子努力的狮群更有群体生存与竞争优势。

作为素食动物的野牛群也有这样的规律：狮群与牛群大战，面对狮群，成排站立的牛群就是铜墙铁壁，冲锋的牛群就是坦克集群。但是牛群中，个别胆怯的牛会逃跑，从而动摇整个牛群的军心，导致整个牛群兵败如山倒。牛群中，总是那些勇敢的牛顶在最前端，胆小的牛藏在后面。逃跑时，怯懦的牛先远离狮子，被捕杀的概率更低，个体的生存概率更高。而原先顶在前面的牛，逃跑时往往落在最后，被猎杀的概率大大增加。如果牛群中没有牛逃跑，大家都勇敢地面对狮子，狮子根本没有胜算。从生存利益考虑，胆小自私的牛更有个体的生存优势，冲在前面的牛更有可能成为自私者的牺牲品。从牛群整体考虑，如果牛群中有更多勇敢的牛，整体的生存优势就要高得多。

同种群内部的斗争有时也会反映出利他主义的现象。雄狒狒打架时，倘若处于下风，有时会抱一只幼狒狒在手上作为"人质"，这只幼狒狒并不是打架双方任何一只雄狒狒的后代。但只要有幼狒狒在，占优势的雄狒狒就会立即停止攻击，直到幼狒狒离开，攻击才会继续开始。雄狒狒打架避免伤及幼狒狒，使幼狒狒受益，也使处于争斗下风的雄狒狒暂时受益，这样的行为显然有利于狒狒种群。

从狭义功利角度看，自私的基因带来个体生存优势，如果不顾及群体利益则会降低群体生存优势。从广义功利角度看，自私导致群体不断失去利他行为的优秀个体，以致于群体不断失去生存优势，最终威胁到群体中每一个个体，群体中的自私个体最终害人害己。所以，尽管群体中存在自私的个体，但有群体的广义功利的存在，利他主义的个体仍然会不断出现。只有不断出现利他主义个体，群体才有生存优势，才可以在自然竞争中持续存在与进化。自私个体不断增加的群体，其生存竞争优势不断被削弱，最终导致群体的解体或消亡。

利己主义遵从狭义的功利观，利他主义遵从广义功利观。从动物种群的整体功利出发，只要不损害种群的利益，利己主义也是有益的，它可以使每一个个体自主实现趋利避害的生存活动。如果牺牲个体利益可以换来更大的群体利益，牺牲狭义功利换取更大的广义功利，利他主义则是有利的。从广义功利角度出发，损人利己显然是有害无益的，所以在人们的一般意识中，损人利己是邪恶的。

五、信仰的本能

（一）自然崇拜

处于蒙昧状态的人们，只能通过自己的感官感知世界，并没有理性思维与判断。出于生存的本能，生命体都会产生对外部世界自然规律的探知与遵从。生命体只有遵从自然规律才能够生存。当人有了朦胧的觉醒意识后，对外部世界的信息输入又多了一层理性思考。受限于认知的局限，人们对世界万物的存在及其规律虽有求知的欲望，却无法真正得到认知的结果，同时又无法摆脱对客观规律的依赖，于是崇拜就成为必然。于是人们从对自然规律的遵从变成对自然现象的尊崇。

这一转变看上去像是一种认知的退化。但实际上，对自然规律的遵从是生命活动的体验与基因记忆，并没有经过大脑的思维加工。而对自然现象的尊崇，是人们对外部世界信息进行思维加工的产物。虽然尊崇与认知并不在一个维度上，但尊崇比直接的感知多了一层思考，多了一层想象力。它是意识从沉睡走向觉醒的开始。

从睡梦到清醒是一个短暂的过程，而意识从沉睡到觉醒是一个长期渐进的过程。从睡梦到清醒可以是自发的，也可以被是别人叫醒，即使没有别人，正常人睡眠时间够了最终都会自己醒来。意识的觉醒总是一部分人先觉醒，其他人长期处于意识沉睡状态，只有受到启蒙信息的唤醒，才会逐渐进入觉醒状态。睡梦与清醒是大脑的两种不同工作状态，在清醒状态中，大脑的智力程度都是差不多的。而意识从沉睡到觉醒却是一个长期的过程。1万年前相比于10万年前人类意识觉醒了许多，5000年前相比于1万年前又觉醒了许多，今天相比于5000年前又有了进一步的觉醒，相信未来的人类也会实现进一步觉醒。人类的意识觉醒不是一个状态词，而是一个进行词。人类永远处于意识的觉醒之中。

即使是处于意识相对觉醒的今天，"搞不清楚""懒得去想"仍然是很多人遇到问题时的态度。他们更愿意让别人去想问题，自己接受别人思考的结果。人类的觉醒过程与一群人从睡梦中醒来一样，总是一部分人首先觉醒，然后再去唤醒其他仍处于睡梦中的人。然而，今天的大多数人不会再认为自己仍然处于意识的沉睡中，不会再认为自己没有完全意识觉醒。即便人不认为自己是聪明的，但一定会认为自己是清醒的。也就是说，即使是意识沉睡的人，仍然认为自己是觉醒的。处于不同意识觉醒程度的人，往往沟通困难。从表面看，沟通困难是观念、理念、价值观的差异，其实更大的可能的是意识觉醒程度的差异。有的人可以整天刷手机，用碎片化的信息"武装"自己，甚至将别人反智的奇谈怪论当作自己的心灵鸡汤，而不去思考所谓心灵鸡汤的真正内涵。所谓意识清醒的人们，一天又会用多少时间进行自己的独立思考？一生中又会用多少时间进行符合因果逻辑的冥想？

处于意识觉醒初期的蒙昧时代，人们对世间万物生出了求知意识，同时由于人们的认知局限，无法解释自然界以及人类自己的诸多问题。人们对世间万物既有精神依赖又有恐惧和崇拜，人在自然力量面前常常表现得无能为力，而畏惧的对象往往又是崇拜的对象。于是人们便将世间万物进行神化，借助想象力幻化出各式各样的神来。原始的自然崇拜并没有具体的形象，只是人们心目中的想象。在重要的仪式上，有人会拜天地，有人会拜某一座大山，有人会拜一条大河。在人们的想象中，山有山神，河有河神，树有树神，各地有土地神，家里有门神，厨房有灶神，厕所还有厕神。

（二）上古神的前世今生

人类的弱小导致崇拜与依赖心理的产生，人们对那些叱咤风云的人物、有过重要贡献的人物、拥有特殊才能的人物进行崇拜。在文字没有出现的上古年代，崇拜人物的传奇故事只能口口相传，越传越神，最终将人传成了神。也有一些过于神奇的神，他们有的是人们凭空杜撰出来的，有的是以真实人物为原型再添加自己的想象，从而加工出来的。

第九章　文明的本能

相传，盘古出于混沌，手持大斧，劈开天地，从此有了世界，盘古也就成了创世之神。女娲的主要功绩有两个：一个是抟土造人，另一个是炼石补天。不论是造人还是补天，都是创世之举，因此女娲也是创世女神。随着人们不断觉醒，意识到了盘古开天辟地，女娲造人和补天的故事都过于离奇，难以置信。渐渐地，人们将盘古与女娲的故事当作神话来听，就连小孩子都不会问盘古和女娲的故事到底是真的还是假的。

关于盘古和女娲的故事，也有其他的传说：真实的盘古原是某个部落首领，力大无比，带领族人开荒平地，贡献卓著，后被人们传为盘古开天辟地。女娲是某个部落的女首领，女娲时代也是地球上的大洪水时期，到处暴雨倾盆、洪水泛滥，女娲部落以及相邻部落的人们先后离开家园躲避洪水。在离开家园的日子里，女娲部落沿途收容无家可归的流民，使得女娲部落人口越来越多。等洪水退去，各部落回到家园时，其他部落人口都有减少，唯有女娲部落人口大大增加。在那个大家都希望人丁兴旺的上古年代，女娲部落人口增加无疑使其他部落羡慕不已。在口口相传中，这一故事最后演变成了女娲造人。在后来与洪水抗争的过程中，其他部落都受灾严重。由于女娲部落人丁兴旺，有足够的人力投入抵御洪水的活动，最后只有女娲部落损失最低。人们一传十，十传百，认为是女娲将漏雨的天穹补好了，才避免了洪水泛滥。于是女娲抗洪传成了女娲补天。

我们不知道盘古和女娲出身部落首领的传说是真实的历史，还是后人为其杜撰的补丁。从传说内容看，其内容更加容易被人接受和相信。朴素的唯物史观要求人们对传奇故事进行合理性判断。尽管合理性在哲学中有很多解释，这里我们可以用简单的话来概括：它是复杂事物因果逻辑的综合。通过合理性判断，人们自动将难以置信的传奇故事归为神话故事。对于合乎客观逻辑的传奇故事，人们便将其归为可能的历史传说。只有那些经得起历史考证、具有事实依据的传奇故事，才被认为是真实的历史。

随着时代的进步，人们开始重新思考世界的本源和人类的来历。人们开始用严谨的因果逻辑分析问题，用理智的思维想问题，用智慧的眼光看世界。随着科学技术的发展，人们对自己身处的世界以及整个宇宙开始有了清醒的认识，随着达尔文《物种起源》的发表，人们开始明白人类自身的起源。

科学证据越来越深入地阐明宇宙的本源与自然规律，科学不仅在理论上有严谨的因果逻辑，在实践中也可以重复验证，并且可以预测事物未来的发展。然而理智告诉我们，科学也不是万能的，对于很多未解之谜，今天的科学仍然无能为力。于是，我们总是听到,外星文明是如何来到地球的,外星智慧如何暗地里控制人类,地球生命一会儿来自火星,一会儿来自外太空的陨石,一会儿来自史前高等外太空生命球送入地球避难的智慧基因等等。过去的神无法验证,今天的外星文明创世论仍然无法验证。进化论出现以前,尽管很多人出于合理性的判断,并不相信神创论,但只要找不到其他创世论的依据,神创论就有存在的土壤。如果说过去的人们无法理解人的来历,疑惑地选择相信神创论,那么今天的进化论阐明了人类从低级到高级的进化逻辑,并且还有化石的直接证据以及其他器物的间接证据可以提供支持。然而,我们仍然可以听到不少声音,利用化石证据的不完整,利用科学研究中出现的未解难题,试图彻底否认进化论,将人们的思路重新引向神创论。人们总是对那些颠覆认知的奇怪观点充满好奇,如果不加以独立思考,很容易对地球生命的来历产生疑惑。有人甚至提出"科学的尽头是神学"的无厘头观点。这些无法验证的神奇传说,与上古神话故事有着几乎相同表现,它们仅仅是将神重新用科学进行包装,将原先的神变成了今天的外星人,将原先的神创论变成今天的外星文明创世论。

其实在中国人的心目中,并没有真正意义的神创论概念,神创论只是外来文化强调的概念。神灵创世,是早期人类处于半蒙昧状态时的想象。人总是希望得到未解之谜的答案,心中存有疑惑便难以宁静。

早期的创世神传说,既不是自然崇拜的产物,也不是宗教的产物。它们是民间为解答世界和人的起源的疑惑而产生的神话传说。这些神话传说至少从表面上解答了人们的疑惑,从而使人得到内心的宁静。

在中国人的意识中,是否相信神、相信哪家的神并没有严格的限制。许多神的崇拜者并不特别关注自己所信的是哪家的神,他们往往见神就拜,甚至将不同门派的神放在一起参拜。而且他们参拜的神并不是上古神话中的神,盘古女娲并没有什么人会去参拜。人们参拜的一般都是以真实人物为原型、被神化出来的神。

(三)从神化到神话

随着人类智慧的觉醒,再要让人们相信神创轮、外星文明降世论等的观点,显然是困难的。无法验证的理论谁都可以想象,如果没有可验证的依据,就不能要求别人承认它是真理。就像已经穿上衣服人类不可能再回到没有羞耻意识的裸奔时代一样，已经智慧觉醒的人们，也不可能再回到相信神创论的半蒙昧状态。

当然，作为从蒙昧状态向觉醒状态过渡的产物，作为人类走过的历史，作为人类的非物质文化遗产，神、宗教、敬畏与崇拜，也是人类文化与历史的一部分。如今的人们不再刻意地争论神创还是无神，认为继续这样的争论显得很幼稚。就像每个孩子都喜欢听童话故事，喜欢听拟人的动物故事，但很少有小朋友会问，大灰狼真的会和小白兔讲理吗，鸡和狗真的会吵架吗。稍大一点的儿童也不会问《聊斋》里的鬼是真的吗。如果有大人问小朋友，盘古和女娲的故事、后羿与嫦娥的故事、牛郎织女的故事是真的吗，小朋友通常会不假思索地回答：当然不是真的，并且会用诧异的眼光看着大人，心想大人为什么会问这么奇怪的问题。

尽管很多人是无神论者，他们在婚礼上仍然会"一拜天地，二拜高堂，夫妻对拜"，以示对传统的尊重；进了大山仍然会随着山民一起参拜大山，以示对自然的尊重；求水或洪水期间会随着当地乡民一起参拜大河，以示对乡风民俗的尊重；进了寺庙仍然会参拜神像，以示对信徒和对神职人员的尊重。

神作为一种文化现象并不会消失，这与信仰无关。无神论者也喜欢看神话故事，《聊斋志异》的作者蒲松龄未必相信鬼魅狐妖真的存在，《西游记》的演员也肯定不相信他们所演的神仙妖魔是真实的。神话故事就像童话故事、寓言故事、成语故事、历史故事、民间故事一样，都是人类文化和历史的组成部分。盘古与女娲的故事、后羿与嫦娥的故事、牛郎与织女的故事等，不仅仅是民间神话故事，同时也寄托了人们美好的情感与想象。在当今开放包容的社会中，神创论者与无神论者并不像过去那样对立，有些神创论者对待信仰态度是，信则有，不信则无。无神论者对待信仰态度是自己不信神，但尊重别人的信仰。

六、良知的本能

良知、善良、正义感、道德感等虽然并不是完全相同的概念,但它们又属于相近的心理意识。良知、善良来自人们的内心,来自灵魂深处,这似乎容易被人们接受。因为良知、善良意识的出现并不需要深思熟虑,瞬间就可以产生。

会游泳的人发现有人不慎落水,会第一时间下水救人。事后如果有人问起英雄救人时是怎么想的,通常的回答是"当时什么也没想"。有人认为这是救人英雄境界高,谦虚低调。实际上英雄救人时真的可能什么也没想,也没有时间想,他们的行为只是受到本能和潜意识的支配,受到良知和广义功利的呼唤。正是这种没有经过算计的本能行为、没有经过算计的本能良知和广义功利才是真正高尚的。

我们很容易认为正义感、道德感是文化的产物,是需要标准与参考的意识表现,应该属于思维的结果。然而人们仔细观察发现,正义感和道德感在很多情况下也是瞬间产生、不需要缜密思考的。例如发现偷盗或大人欺负小孩,人们第一时间就会产生厌恶心理,试图制止。面对类似的对象,不经缜密的思考可以产生鲜明的正义感和道德感,思考过后,仍然会产生相同的感觉。所以正义感和道德感同样是本能的产物,不是思维的产物。

在人的潜意识里,人们会以广义功利为标准,对客观事实做出判断,它的判断多为二元判断:是与非、好与坏、对与错。青春期孩子们的判断更加依赖自己的本能,他们本能地认为:偷盗、说谎、欺负弱小是不好的,诚实、帮助别人、保护弱小是好的。只要人类拥有共同的祖先,就会拥有有共同的本能和潜意识,就会拥共同的良知和广义功利,以及正义感和道德感。

理性思维的算计,更多是对事物做出价值判断,并没有明确的对错与是非,只有利弊权衡，只要能够找到充足的理由，不好的是可以接受的，好的也是可以抛弃的。为了生存需要的偷盗是合理的，为了保护自己的说谎是可以接受的，为了让小孩子长记性的教训也是必要的。而帮助乞丐可能助长好吃懒做，所以可以抛弃怜悯之心，救助落水的老人可能牺牲年轻的生命，所以用年轻的生命去换取年暮的生命是不合算的。这些判断与选择，在狭义功利的价值判断中，都是值与不值、合算与不合算、付出与收益的利益权衡。所以，良知、善良、正义感、道德感来自人类本能与潜意识，值与不值、合算与不合算、付出与收益的评估来自后天的价值判断。价值判断是人们的思维结果，不同的人有不同的思维参考，有不同的价值观，从而产生不同的价值判断结果。

人之初，性本善，这句经文隐含了人类良知的本能。当小孩子有了一定分辨能力后，正义感就会越来越明显，这种正义感在青少年时期达到顶峰。随着年龄的逐渐增大，各种冲动的正义感逐渐被理性的思维所取代。人们看到，刚走入社会的年轻人，特别是有思想有个性的年轻人，常常锋芒毕露、行为冲动。这种锋芒毕露往往使自己与周围的人，特别是与有阅历的长者发生思想冲突，爱冲动的性格往往也会使自己四处碰壁、伤痕累累。等有了一定阅历和一定生活经验后，又开始变得稳妥甚至圆滑。"人之初，性本善，性相近，习相远"。善良正义是人的本性，相互影响以及理性的算计可以改变人的本性。有人对此感到悲哀，认为原本社会的优秀品质，经过社会复杂繁乱的打磨后，变得世故圆滑。年轻时的纯真、善良、正义固然可贵，但这样的纯真、善良、正义多少还是包含了简单冲动、只知其一不知其二、只顾眼前不顾长远、非此即彼、非黑即白的简单逻辑。随着年龄的增长和阅历的增加，我们渐渐会发现这个世界比原本想象的要复杂得多，采取的应对之策很难说是完全合理或不合理的，很多问题的处理只能是平衡和妥协。当一个人学会了平衡与妥协之后，你可以说他圆滑了，也可以说他成熟了。

七、爱情的本能

爱情是人类精神文明的表现，是人类生活的重要组成部分。文学与影视剧作品中，爱情题材占据了相当大的比重。有些原本与爱情无关的故事，也会以不同的方式增加爱情的戏码，以增加对读者和观众的吸引力。没有进入青春期的孩子很难理解这样的现象，他们更关心的是故事本身，认为爱情情节是多余的。成年人会认为，爱情是文学作品、影视剧作品吸引力的重要来源，没有爱情的生活是乏味的。

即使是壮大人类种群的繁衍行为，也是以爱情为基础的。爱情属于人的精神情感活动，人的本能情感告诉我们，没有爱情的婚姻是不道德的婚姻。没有爱情的婚姻同样可以繁衍后代，从表面看，它似乎与壮大人类种群的广义功利不冲突，但却被人类的文明意识所拒绝。某些情况下，人们可以接受没有后代的爱情生活，却拒绝没有爱情的后代繁殖。人类的男女结合以爱情为前提条件，首先是为了满足精神需求，只有当爱情的精神需求得到满足，才可以满足生理需求，最后才有后代的出现。人们常将孩子称为父母爱情的结晶。人类的繁衍活动以爱情的精神活动为驱力，生理活动使爱情的精神活动更加稳固，后代的出现使爱情双方的关系进一步稳固。这难道是人类高等文明意识与壮大人类种群的广义功利不匹配吗？

动物只注重繁衍的成功率，以及基因的优良。动物的情感没有人类那么丰富，本能的预期也没有那么长远，只要参与繁殖的异性毛发好看、身体健壮，就符合优秀基因的标准，它们的繁殖行为就是可行的。人类的繁衍与动物有很大不同，人类后代要求的优秀不仅是身体条件的优秀，更是综合能力的优秀。人类的父母不仅要为后代提供优秀的基因，更需要为后代提供良好的生活条件和教育条件，这些都需父母的长久配合才能够实现。

父母是后代基因的来源，爱情是父母长期配合的基础，亲代的能力是后代生活条件和教育条件的来源。这些是没有爱情的婚姻难以实现的。因此爱情是婚姻的前提，只有出于爱情的婚姻才真正符合人类种群壮大、优化的广义功利，只有出于爱情的婚姻才是道德的婚姻。这种功利感一代一代累积，逐步写进人类的基因，成为人类的本能和潜意识。

八、理想的本能

"我命由我不由天",在主观意识里,人类并不愿意听天由命,将自己的命运交到自然手里。变异与自然选择能够影响进化,生存竞争可以影响进化,用进废退可以影响进化,人的主观意识更能够影响进化,文明的高度发展也能加速进化的进程。

当孩子学会了语言,就会不停地纠缠大人讲故事,并且很多孩子只喜欢听新故事,不愿意听重复的故事。故事是孩子获取知识的重要途径,有些故事甚至会对孩子一生产生影响。如大灰狼与小白兔的故事,可能导致孩子一生都会认为大灰狼是坏动物,小白兔是好动物。

当具备逻辑思维能力后,每个孩子的大脑中都会产生十万个为什么。如果大人能够回答孩子的为什么,孩子们就会一直问下去,直到山穷水尽。有的大人会阻止孩子无休止的提问,训斥孩子:"哪来那么多为什么,没有为什么。"这将导致孩子认为凡事问为什么是不好的,从而压制孩子的好奇心与求知欲。有的大人会告诉孩子"这个问题我也回答不了,只要你好好学习,等你长大后一定会知道为什么的",这使得孩子在父母那里找不到答案时,会转而借助书本,借助自主学习、独立思考去寻找答案。

"为什么"是因果逻辑的疑问词,是根据结果反推原因的思考,是获得规律的思维方式。完成了"为什么"的解答,就完成了一个因果逻辑的链接。孩子们不停地追问"为什么",说明他们有了追求因果逻辑、弄懂客观规律的愿望。从功利的角度考虑,知道了因果逻辑与客观规律,就可以判断现有行为可能产生的结果,从而为目标设计行为路线,就可能产生未来的理想。良好的、合乎逻辑的未来预期称为理想,不符合逻辑的则称为幻想。

很多青春期的孩子会因未来的理想陷入冥想状态，通过冥想"实现"自己的理想。沉浸于冥想状态的孩子对周围事物反应迟钝，表现出青春期特有的白日梦现象。"心理学的研究认为，白日梦在性质上属于我向思维，其内容与其生活具有一定联系，并与个人期望的未来活动有关，使其把将来可能发生的事情在脑中预先演练，通过白日梦使欲念冲动释放。"（《心理学导论》，梁宁建 主编）白日梦不一定是负面的，它也含有正面因素。"许多人都有过做白日梦的经历，即会幻想自己成为一个实现自己理想的成功者。"（《心理学导论》，梁宁建 主编）即使是胡思乱想，只要能够控制最终的结果，总比什么都不想的好。我们应该相信，大多数青春期的孩子心理是健康的，其理想也应该是健康的。青春期的冥想内容多半是想象自己成为英雄、有成就的人、科学家、明星，成为自己心目中羡慕的社会角色。

有些孩子对未来的目标并不明确，一会儿想当这个家，一会儿想成就那个事业。尽管没有明确目标，但理想的愿望是强烈的。经过自己的思考以及家庭、学校、社会的影响，特别是同学们的相互影响，孩子们逐步会有明确的理想目标。所以，理想的愿望是本能的产物，理想的目标是理性的产物。

人是有理想的动物，理想是人类文明的高级形态，也是浪漫情怀的来源。浪漫是一种积极向上的愿望，是一种与审美类似的良好情感，这种情感来自人的灵魂深处。浪漫是超越现实的纵情与诗意，是富有艺术性的想象力，是情感的放大，是充满幻想或理想的未来向往与追求。无法实现的美好目标是幻想，可以实现的美好目标是理想。在浪漫的诸多元素中，理想无疑是更加深邃、更加长久的浪漫情怀。充满理想的年龄是浪漫的年龄，充满理想的生活是浪漫的生活，充满理想的爱情是浪漫的爱情，充满理想的人生是浪漫的人生。

九、文明的本能

从早期文明的出现来看，文明的萌芽并没有给当时的现实生存与进化带来实际利益，它既不符合自然选择的进化规律，也不符合用进废退的进化思想，更看不出与动物趋利避害的普遍行为规律有何关联。文明是人类所独有的特征，它所带来的利益是经过长期发展才反映出来的。文明出现萌芽的时候，发展前途未卜。除人以外，没有其他任何动物选择文明的进化路线。文明不是动物的普遍选择，而是人类独有的选择。早期的文明毫无生存与竞争优势，但它的后发优势却是巨大的。是什么驱动着人类前赴后继地追求文明？文明是谁为人类设计好的进化路线，还是各种机缘巧合，让人类误打误撞地进入了文明发展的正确轨道？文明的发展是否隐藏着自身的规律，文明是不是高等生命的进化使命，高等生命的基因里是否产生了向往文明的理想？

从表面看，人类的好奇与冒险欲望来自本能，其中一定存在人类生存与进化的广义功利。与审美的广义功利一样，它只是一种驱力，无法完全用理性的逻辑表述。好奇、冒险、求知的欲望，可以使人类发现更大的生存发展空间、更多的生存资源，可以使人类发现和掌握更多的自然规律。这些广义功利只潜藏于人类的本能和潜意识中，成为好奇、冒险、求知的驱力。

人类的好奇、冒险、求知欲望远比动物强烈，它几乎成为人类特有的文明驱动力，也是人类高等文明的基础，但它的原始来源仍然是人类的基因。

根据生物学原理，为了节约资源，除个体的反常行为外，动物群体不会做毫无意义的事情。宗教、哲学、艺术等高级文明形态虽然不直接服务于生存需要，但可以让人类上升到更高的平台，发展得更好，进化得更快，让人类更具有生存优势。从这个意义来说，文明潜藏着人类的广义功利，仍然可能成为人类的本能。

第九章 文明的本能

今天，文明带来进步与发展，带来的文明成果是当初人们刚刚穿衣遮羞时无法想象的。这不是自然选择的结果，而是人类自己选择的进化结果。在没有看到文明的结果前，理性思维很难想象文明的意义，因而文明不是理性思维的结果，而是本能选择的结果。

北极鲑鱼一生生活在大海里，直到需要产卵时才游回自己的出生地，因为出生地才是鱼卵适合孵化的场所。出生地适合幼体的生长是生物界的一般规律，所以鲑鱼游回自己出生地产卵的行为，符合自然规律，这不是出于鲑鱼理性思维的结果，而是鲑鱼的本能行为。人类落叶归根的潜意识，也许就是来自远古动物回归出生地的本能。所以，很多的合理选择不一定是出于自理性思维，也可能出自本能。

我们可以认为人类与动物有着本质的不同，人类拥有的文明是任何动物都不具备的。但人毕竟是生物，不能完全脱离自然规律而孤立存在，人类的文明现象也不能完全脱离自然规律而存在。除人之外，其他所有动物都没有文明的表现，但它们与人一样，都是客观存在的。也就是说，尽管其他动物没有文明现象，它们同样都可以活得好好的，进化得好好的。那么文明对于人类是不是就只是一种象征，没有了实际意义了呢？这就要看人类今天的能力和成就，脱离了文明能不能存在？今天看见的能力和成果都是建立在高水平文明之上的，而高水平文明是建立在低水平文明之上的。人类今天的能力和成果，哪一项可以脱离文明而存在的？

文明本身并不直接提供生存所需要的实物，但文明可以给人类搭建更高的平台，在这个平台之上，人类可以获得更强的能力，进化得更快、更合理、更完善。

从短期功利来看，人类文明的选择呈现出逆优胜劣汰的现象。人类祖先选择离开树梢来到陆地冒险，它们适合树上生活的四肢并不适合在陆地上奔跑，从进化优势上看，来到陆地的人类祖先应该选择像其他陆地动物一样的进化方向，将四肢进化成适合奔跑的四脚，而人类祖先却选择了奔跑速度并不快的直立行走。"双手的解放和直立行走，为类人猿的劳动准备了条件……劳动促进了类人猿的脑和心理的发展"（《心理学导论》，梁宁建 主编）。大脑发达是直立行走的结果，但在选择行动方式时，大脑的优势并未显现。大脑的发达是进化的后发优势，在人类之前并没有其他动物有过大脑发达的实际体验。直立行走是进化道路上前途未卜的选择，动物界只有人类做出这样的选择。

直立行走导致人类不能快速奔跑，只能选择依靠耐力的长途奔跑。而长途奔跑促进人类向体毛褪去和生出发达的汗腺方向进化。

羞耻意识和服装产生于文明的萌芽期，从原始人类所处的环境和生存需求看，文明的萌芽并没有给原始人类的生存带来现实的利益。羞耻意识导致原始人的精力分散，服装导致原始人需要额外付出物质资源。长途奔跑时衣服阻碍散热，劳动时衣服可能成为累赘。羞耻意识使原始人需要额外付出精神资源和物质资源，并且对当时的生存需求并没有现实的帮助。除人以外的其他所有动物都没有羞耻意识，说明羞耻意识并不会给所有动物带来现实利益。羞耻意识只是为未来的高等文明奠定基础，在看不到未来利益的远古时期，原始人类为什么会违反趋利避害的一般规律，向着看不到前途的方向进化呢？

从适者生存的理论解释，没有文明人类同样不会消亡。因为自然界只有人类具有文明特质，其他没有文明特质的生物都活得好好的，并没有因为不文明而被淘汰。那么，人类为什么会产生文明的特质？

智慧的社会型动物要求自己在群体中处于有利位置，从而满足尊严意识。无毛的身体与觉醒的自我意识，使内心的自我与实际裸态的自我产生冲突，使自己失去尊严，于是产生性羞耻意识，促使了服装的出现。

动物的行为受短期利益所驱使，超过几代生命的长远利益，动物是看不到的，也是不会为之努力的。人类的眼光则要长远得多，如果能够看到子辈的利益，现实行为就会将子辈的利益考虑在内。如果能够看到孙辈的利益，现实行为就会将孙辈的利益考虑在内。如果人类能够从子辈和孙辈的利益中总结出后辈利益的规律，人类的现实行为就会将后辈的利益考虑在内。对子孙后代利益的预期及预先选择，就是人类长远眼光的来源。

动物也会发现规律，并根据规律调整自己的行为。但动物受思维与智力的局限，很难发现复杂的规律，更难发现眼前看不到的长远利益。而人类可以发现更为复杂的规律和长远的利益，在生存与进化方面比动物眼光更长远。

动物小时候都会玩耍，掠食动物小时候喜欢打闹扑咬，以锻炼成年后的捕猎本领。被掠食动物小时候喜欢相互追逐，以锻炼成年后的逃跑本领。有角的雄性小动物还会相互角力，以锻炼成年后争夺配偶的能力。这些扑咬、追逐、角力的玩耍兴趣，来自于动物本能。似乎动物从小到大的行为都服从本能的安排，而通过父母学习到的能力非常有限，更不必说动物一生的生存规划。

人类小时候也会玩耍，部分习性和特点也是来自人类的本能。

但等孩子到了上学年龄，孩子们都要学习文化知识。孩子们一开始由于好奇新鲜，愿意学习。但他们很快就会因为日复一日的枯燥学习失去兴趣，在父母的要求甚至强迫下，不得不继续长时间从事着的枯燥学习。学习对于人生的利益毋庸置疑，但学习的利益并不是眼前的，而是长远的，甚至影响子孙后代。但是，如果没有父母的协助，仅靠孩子的本能是难以完成系统学习的。即使再优秀的父母，也不是仅靠优秀的基因就可以放任孩子。优秀的父母除了能够给孩子提供优秀的基因，更能以自身的行为习惯，影响孩子的成长。我们不知道，如果没有孟母三迁，会不会出现后来的亚圣？

人类的长远眼光及行为规划是人类文明的基本特质，从文明给人类带来的利益看，人类的文明选择是最合理的。人类的思维能力和智力让人看到更复杂的规律，产生更长远的功利感。人类也因此可以培养出更加富有文明内涵的本能和潜意识。后发优势的文明行为，对于动物而言是不可思议的，对于人类而言则顺理成章。

第十章

我们向何处去?

我们向何处去？这是一个关于未来的问题，可以包含不同领域和不同视角的思考，包括人类社会的未来、人类科技的未来、人类文明的未来、人类物种的未来等。从进化的角度考虑，人类的未来是物种的未来，与之相关的问题包括人类文明的未来，也就是人类进化的尽头的问题。

社会与科技是人类文明的组成部分，人类物种是人类文明的基础。文明的发展促进人类的进化，促进人类种群基因质量不断提高，基因质量的提高又反过来为文明的发展提供基因基础。人类文明与人类基因相互促进，共同提高。

人类文明进步、基因进化的终极目标是什么？衡量文明水平的标准又是什么？或者说，衡量人类基因进化程度的参考又是什么？这个问题似乎没有终极答案，因为处于低维度的文明无法想象高维度的文明，处于低维度的生命无法想象高维度的生命。那么，处于低维度文明的我们，能够窥视到高维度文明的底层边界吗？处于低维度生命的人类，能够想象高维度生命的存在形式吗？

一、杞人忧天

曾经的恐龙怎么会想到生存危机？它们巨无霸的身躯是无敌的存在，抬头有树叶吃，低头有草吃，气候怡人、生存无忧，谁能想到它们会有灭绝的一天？今天的狮子进化出尖锐的爪牙以及强健的体魄，是草原上无敌的存在。它们可以四脚朝天睡觉，而其他动物也只敢远远窥视而不敢靠近，沉睡的狮子只需睁开一只眼，其他动物立刻吓得逃之夭夭。然而，谁又会想到曾经天下无敌的狮子，今天会成为濒危动物，还需要曾经作为猎物的人类为其让出一部分生存空间，并对其进行保护？

恐龙与狮子在其鼎盛时期会忧虑它们的未来吗？今天处于鼎盛时期的人类应该忧虑自己的未来吗？

在自然选择的路径下获得成功，导致人们普遍认为人类所走过的进化道路都是正确的，人类今天的成功也是必然的。然而，如今的人类是人科动物的孤儿，人类昔日近亲的命运远不如进化得并不先进的远古动物鹦鹉螺、濒危动物大熊猫、人类远亲黑猩猩等。"在进化之路上与现代人最接近的那些古人类——他们直立行走、制作工具，而且有着相当大的脑容量，尽管拥有这些里程碑式的进化特征，却依然走向了灭绝。"（《国家地理人类进化史：智人的天性》，〔美〕理查德·波茨 等著）即使是现代人类的直系祖先智人，也曾经命悬一线。人类基因的高度一致性，说明现代世界的所有人类是从人类祖先的很小一部分中繁衍起来的。"根据对50组不同的基因标记数据进行整合，智人的整个物种或者至少是繁衍出现代人的这一群体的人数曾经最低降至600人。"（《国家地理人类进化史：智人的天性》，〔美〕理查德·波茨 等著）这样的人数，用今天的眼光看，已经完全算得上濒危物种了。人类今天进化的成功，更像是历经了各种艰难险阻，一直走在灭绝的边缘，才走过漫长的黑暗，迎来的曙光。

人类的各项生理特征只是成功的必要条件，并不是充分条件。就像一部成功的智能机器，硬件只是其必须具备的条件之一，软件也是重要的条件。从生物学角度看，人体的各项条件并没有表现出相较于其他动物的优越性，否则也不会出现人类的所有近亲都灭绝的现象。因为人类的身体条件并不占优势，才导致人类必须通过进化智力来获得生存优势。正是由于发达的大脑以及非凡的智力，才有了人类今天的成功。如果人类没有发达的大脑和非凡的智力，仅靠身体，今天的人类仍然是脆弱的物种。从这个意义上说，发达的大脑和非凡的智力比发达的身体更有优势。

自然环境处于不断变化之中，不同物种进化出的生存优势也只是阶段性的优势。至今我们没有发现拥有永恒优势的物种，也没有发现停止进化且没有存亡之忧的物种。人类种群从曾经不足千人的数量发展到今天全球约80亿的数量，并且成为地球的统治者，可以说是生命进化史上的成功典范。人类的成功是阶段性成功还是永恒的成功？现在的世界属于我们人类，未来的世界还将继续属于我们人类吗？不可否认，就人类目前的生存状态来看，暂未出现种群衰败的迹象。人类较高的生产能力，可以实现少数人从事农业生产，就可以满足大量的粮食需求；少量的人口从事畜牧业和养殖业，就可以保证大量的肉类、奶类、蛋类等动物制品的供应；少量的人口从事工业品的生产，就可以满足大量人口对工业品的需求。

人类似乎不用为未来的生存担忧，这和2亿年前侏罗纪时期的恐龙差不多。侏罗纪时期，地球气候宜人，自然资源丰富，恐龙没有竞争对手，只要环境不发生改变，恐龙便可以一直无忧无虑地生活下去。然而天有不测风云，不知是巨大的陨石掉落，还是未知的病毒，抑或是气候变化导致的食物匮乏，使恐龙失去了原有生存条件，导致了大型恐龙最终集体灭绝。

人类能够应对不可预测的环境改变吗？如今，农产品和畜牧产品的大量供应依靠的是大面积的农田、大面积的牧场以及大量的淡水资源。人口的大量增长以及工业的发展，需要更多城市用地和工业用地、农业用地、畜牧业用地、旅游休闲用地等，这些都大大压缩了其他动植物的生存空间，阻断了生物种群的基因交流。在人类不断发展的进程中，地球生命维持了亿万年的历史还能够继续维持吗？地球的生物多样性还能够继续存在吗？

人类今天的主要粮食作物都是人工培育的作物，野生植物很难满足人类对粮食的产量需求。"根据一份 2005 年的报告《新千年生态系统评估》，在 1 万多种可食用植物中，不到 20 种植物为人类提供了绝大部分的食物。小麦、稻子、玉米这 3 种作物占据了全球消耗的热量的一半。"（《国家地理人类进化史：智人的天性》，〔美〕理查德·波茨 等著）

即使按照中国"英明"的皇帝口中的"没有粮食可以吃肉"，以及法国"聪明"的皇后所说的"没有面包可以吃蛋糕"的说法，粮食安全的担忧也难以抒解，肉、蛋、奶也是需要粮食喂养牲畜家禽才可得到的。人类需要的动物制品都来自人类驯化的动物，野生动物很难满足人类的大量需求。用粮食换牲畜家禽的动物制品，人类获得的热量远不如直接从土地上获取粮食的热量高。即使是牲畜的肉类热量，也不如用放牧的土地直接种植粮食产生的热量，除非是不宜耕种的土地。即使动物制品可以替代粮食，能够提供给动物制品的牲畜家禽种类也非常有限。"在大约 1.5 万种哺乳动物和鸟类中，不到 14 个物种供应了全球 90% 的动物制品需求。"（《国家地理人类进化史：智人的天性》，〔美〕理查德·波茨 等著）

虽然人是杂食性动物，但真正可以维持人类生存的食物并不多，特别是进入现代以来，人类的食物来源主要依靠人工培育的植物和人工驯化的动物。在不断变化的环境下，人类是否能够永远保证这些人工培育的动植物持续存在？如果因为某种变故导致人类培育的主要粮食作物和主要肉类牲畜灭绝，人类如何应对由此产生的饥荒？

人类自身应对自然变化的能力也同样不容乐观。古人可以一群人挤在一个山洞里，近代可以几代同堂居住在不大的屋子里。现代人的房屋，附加功能的面积远大于实际居住面积，有条件的人还要修建自己的花园、游泳池、高尔夫球场等。从简陋的居住环境进入宽敞豪华的居住环境，人们心情愉悦，感觉舒畅。如果人们再从宽敞豪华的居住环境，退回到几代同堂的拥挤环境，会是怎样的感受？在没有电风扇的时代，夏天有一把扇子就可以缓解炎热。在空调普及的今天，人们能够想象没有空调的夏天吗？在夏天有空调、冬天有暖气的环境里，温度的小幅变化就会使人感到难受，温度稍高就冒虚汗，稍低就关节疼。为了保证我们舒适的居住要求，需要自然界提供大量的土地。为了保证人们对居住环境的温度控制，需要自然界提供大量的能源。同时，人类自身的活动、房屋建筑、能源消耗还会产生大量的生活垃圾、建筑垃圾、工业垃圾，这些又进一步增加了自然的负担。人类为了进化与发展，持续地向自然索取资源，但自然资源是取之不尽、用之不竭的吗？即使人类有计划地向自然索取资源，能够保证眼前的平衡，那人类有能力应对由于自然环境改变而导致的资源供给下降吗？环顾整个宇宙，只有地球是蓝色的。环顾整个地球，只有29%是陆地，再除去南极、北极、沙漠、戈壁、山川等不宜人类居住的区域，地球能够提供给人类生存的土地，不足地球表面积的16%。

　　宇宙虽大，目前所知适合人类生存的却只有地球。地球很小，适合人类生存的位置只有地表。地表之上，适合人类居住的面积更是有限。在浩瀚的宇宙中，人类只是在一粒微小的尘埃上随风飘摇。未来宇宙环境的变化还能够保全我们现有的生存空间吗？人类未来可以向哪里开疆扩土？

　　人类居住环境的改善，导致人类自身温度调节机能的退化。人类医学水平的提高，导致人类自身抵抗病毒能力的退化。人类的基因还会进一步进化吗？人类的进化还能够继续依靠自然选择进行吗？我们对未来的忧虑是杞人忧天吗？

二、决定论与进化论

决定论又称拉普拉斯信条,它认为是自然界和人类社会普遍存在客观规律以及因果关系。决定论认为,知道了原因就一定可以知道结果。例如,用牛顿力学算出的天体运动,对未来具有准确的预见性。爱因斯坦也说过:"你信仰投骰子的上帝,我却信仰完备的定律和秩序。"决定论认为,自然界及人类社会的一切规律都是由因果关系决定的,是不以人的意志为转移的。

拉普拉斯是著名的数学家,数学中的因果关系是确定的。一个数学公式就是一个因果链条,数学的因果链条用等号"="来表示,等号两边是完全相同的数值,公式的变换仅仅是观察问题视角的变换,等号两边的数值关系始终不会变化。牛顿的经典物理学以及爱因斯坦的相对论,原理可能不像数学逻辑那样简单,但最终能够让人信服的理论仍然是建立在以"="为基础的表达式之上的。

汽车很复杂,它由几万个零部件组成,但如果设计错误,工程师仍然要承担相应责任,工厂也要召回已投入市场的问题汽车。由设计错误造成的用户损失,品牌也要做出必要的赔偿。这说明,即使像汽车这样复杂的系统,其运行结果也是可以预知的。

反观社会科学、生命科学,哪一个是建立在以"="为基础的简单逻辑之上的?即使是最基础的生命单细胞,人们至今也没能真正掌握其工作原理。人们不仅不能造出生命单细胞,即使是拥有全部细胞物质,也不能将其重新复活。就像猴子不能启动机械发动机一样,人类也不能启动生命发动机。即使现代医学拥有很强的理论支撑,拥有先进的检查仪器与设备,拥有各种先进的手术器械,拥有各种先进的药物,医疗也不能保证结果都是确定的,医生也不能像工程师那样,为医疗错误负责。医生给病人看病，如果出现误诊或无效治疗，只要结果没有造成伤残和死亡，所有的损失都由国家医保和病人买单。究其原因，就是生命系统的复杂性不能要求医生对病人最终的康复结果负责，人类的医学水平还远远没有达到可以用原因准确预知结果的程度。

任何理论都只适用于特定的系统，任何的真理都有其适用的边界。希望用一套理论解释所有问题，用一个公式预测所有事物的未来显然是不现实的。社会活动、生命运动、物理规律本身就不是一个系统的事物。机械系统的特征是因果律，确定了起始就可以计算出路径和结果。生命系统的特征是选择，从起始出发，不同的选择可以产生不同的路径和结果。生命的选择性特征，在高度意识化的人类身上反映更加明显。让孩子自己去选择一个玩具，比直接赠送更令其开心。送钱比送礼物看上去庸俗，但接受者的内心可能更加喜欢钱，因为钱可以带来有更多的选择。人们更愿意自主选择，而不是接受安排。用物理运动的机械规律，解释处于不同系统的生命运动规律，本身就是错误。机械运动规律是不以人的意志为改变的，运行结果也就是确定的，从这个意义上说，机械决定论是成立的。生命运动不同于机械运动，生命运动既有一般规律性，更有每一个生命的自主选择性。

动物的行为动机，无不是选择产生的结果，没有选择就没有动机。生命的自主选择会使得相同的原因产生不同的结果。由决定论引申出的人生规律就是宿命论，宿命论认为凡事皆有定数。按照这样逻辑，人们的精神活动，人们的各项努力与选择都变得毫无意义。因为一切结果都是事先注定的，所有人的思想也不是自由的。然而，人类的各种规范与法律正是建立在思想自由原理之上的，是建立在人的不同思维及其选择可以导致不同的结果之上的。如果一切都是天定的，个人的一切行为选择都无法改变其结果，那么，各种罪恶也将被解释为不可避免的，各种犯罪也是不应该追究的。

生命的各种活动以及人们的各种努力，其动机就是在自然规律的限制下做出有限的改变，使事物向着有利于自己的方向发展，形成有利于自己的结果。弹道导弹的飞行原理来自于力学规律，在没有外力的干预下，导弹的飞行路线和最终落点是可以计算和预知的。如果要改变对方导弹的最终落点，可以发射拦截导弹，在对方导弹的飞行途中改变其飞行路线或将其摧毁。弹道导弹的发射时间、最终的落点是由人的意志与导弹的条件共同决定的，敌方拦截导弹改变弹道导弹的飞行结果，是由敌方人员的意志和拦截导弹的条件共同决定的。也就是说，在自然条件确定的情况下，人的意志是可以改变最终结果的。所以，机械决定论可能在无生命的系统中是适用的，但生命运动、人的意志活动是不能用决定论来解释的。

人们朴素的生命观是"我命由我不由天"，大多人数并不认同宿命论，都希望通过努力改变命运。动物遇到问题也不会听天由命，狐狸饿了就主动捕食，而不会守株待兔，更不会等着天上掉下肉来。狐狸选择狩猎就可能活下去，听天由命就只有死路一条。兔子遇到狐狸追杀，选择逃跑就可能活下去，选择站在原地听天由命，则会死在眼前。所以，相同的条件下，不同的选择可能导致不同的结果。

生命的努力并不能改变生命生老病死的规律，但一代一代的持续努力，使后代在缓慢的变化中不断进化。动物不同的努力方向，使得后代向着不同方向进化，最终导致不同物种的产生。如果由自然环境决定生命的宿命，那么生命就不会进化，生物多样性也不会产生。

三、人类的未来之路

早在 5 万年前，人类的脑容量就与今天相差无几了，3 万年前消失的人类最后一个亚种——尼安德特人，其脑容量甚至略大于智人。"与早期的化石标本相比，现代人的平均脑容量和体重有轻微的下降。"（《国家地理人类进化史：智人的天性》，〔美〕理查德·波茨 等著）但这样不能说明早期人类一定比现代人聪明，也许因为尼安德特人以及早期人类的体重大于现代人，所以他们的脑容量略大于现代人。不可否认的是，5 万年前尼安德特人和早期人类的大脑条件就应该与现代人相当了，能够拥有的智力也应该可以达到现代人的水平。然而从各方面发掘的证据看，尼安德特人和早期人类与现代人的智力存在着天壤之别。

从生物学的一般规律看，如果尼安德特人和早期人类没有现代人类这样的智力，就不应该进化出这么大的大脑。大脑是人体耗能最多的器官，不论从优胜劣汰的自然选择考虑，还是从用进废退的进化思想考虑，没有那么高智力的尼安德特人和早期人类，进化出如此大的大脑是难以理解的。即使是拥有高智商的现代人类，其大脑仍然没有被充分利用。有人认为人的大脑只有 10% 被开发利用，我们不知道这个数据来自哪里，有没有科学依据，但从尼安德特人和早期人类拥有略大于我们的大脑看，人类大脑没有被充分开发利用的说法似乎是有道理的。

准确地说，现代人类以及尼安德特人和早期人类大脑一直是被充分利用的，仅仅是没有被充分开发。就像一台电脑，它包括硬件和软件两个部分。人的大脑就是电脑的硬件，意识就是电脑的软件。当软件效率不高时，只能依靠硬件的高速运转来满足运算的需要。在硬件条件不变的情况下，提高软件的效率可以大大提高整个电脑的运行效率。尼安德特人和早期人类意识尚未觉醒，只能靠增大脑容量来满足信息处理的需要。随着人类意识的不断觉醒，同样的大脑就能够展现出更高的智力，更大地提高人类的各项能力，体现大脑发达带来的进化优势。

3万年前的尼安德特人，由于没有觉醒的意识，他们带着强壮的体魄和硕大的大脑，带着祖先进化的各种努力，带着亿万年来生命进化形成的基因，遗憾地走到了进化的尽头，永远地消失在了生命进化的历史长河中。

从早期人类与现代人大脑体积的差异，以及两者在地球上所处的生存地位看，仅有发达的大脑并不能保证生存优势，只有大脑与意识同时发达才能体现生存优势。

四、文明等级的划分

（一）以能量控制水平划分

人类医学的发展似乎违背了自然选择的进化法则，导致有些人怀疑人类是否还会继续进化。当然有人也会将这样的疑虑理解为杞人忧天，他们认为，人类未来的进化之路不再是基因的进化，而是文明的进化。因为从表现上看，自从进化出了文明，人类就像"开了挂"一样，一路高歌猛进，势不可挡。

在人们的意识中，文明水平的高低只是一种相对的概念，很难用清晰的标志进行评价。文明的内涵非常丰富，包括人类社会的方方面面。随着人类科技的不断进步，很多人更倾向于用科技水平的高低作为文明程度的评价标准。

1964年，前苏联天文学家尼古拉·卡尔达舍夫设想了外星文明的等级，通过掌握不同能量控制技术进行文明等级的划分。卡尔达舍夫等级是一种用来衡量一个文明的技术的先进等级的方法，以一个文明能掌控行星能量的多少为基础。也就是说能用大量能量与外界沟通的行星，才可以算入卡尔达舍夫文明等级。他的文明等级划分设想是：

Ⅰ类文明，该文明是行星能源的主人，这意味着他们可以主宰这颗行星以及周围卫星能源的总和。

Ⅱ类文明，该文明能够收集整个恒星系统的能源。

Ⅲ类文明，该文明可以利用银河系系统的能源而为其所用。

卡尔达舍夫文明等级的划分是以控制能量的能力为标志的，它是高等文明的划分。按照这一划分，人类可能连初等文明都算不上，只是处在文明的婴儿期。按照卡尔达舍夫的划分，人类只有主宰了地球以及月球能源的总和，才算进入Ⅰ类文明。

根据科学家对宇宙中不同类型恒星的观察，根据恒星自身的体量，其消亡分为两种不同的方式：部分恒星最后以超新星爆炸的方式解体，结束寿命。像太阳这样体量的恒星，在氢燃料消耗殆尽时，会产生氦的核聚变，同时恒星会逐步膨胀为一颗红巨星，红巨星的核燃料消耗殆尽之后将会最终坍缩成白矮星。太阳成为红巨星时可以将自己的边界膨胀到火星轨道，届时地球早已被变成红巨星的太阳"吃掉"，杞人忧虑的天，真的会塌下来。我们很难想象，如果人类能够进入Ⅱ类文明，有能力在太阳变成红巨星"吃掉"地球之前，先"吃掉"太阳吗？

我们更加无法想象的是，人类如何控制整个银河系的能源。根据科学家的探查，银河系的中心存在着巨大的黑洞。黑洞是光的和一切物理存在的坟墓。进入黑洞后，人类掌握的一切科学理论体系，包括数学、物理、因果逻辑等还能不能适用？黑洞外的真理，进入黑洞后还能否成立？

以能量控制水平划分文明等级，怎么看都更像是2.0版本的丛林法则。这一划分的动机似乎就是控制、主宰和征服，除此之外看不出更高的目标。也许人类连卡尔达舍夫文明等级标准之下的Ⅰ类型文明都没有达到，自然无法想象更高等级的文明目标。如果有更高等级的文明存在，他们看待人类，可能就像我们看丛林动物那样。

丛林动物的认知局限，使它们无法想象还有什么比尖牙和利爪更强大的能力。如果狮子有意识且曾听说人类很厉害，同时它们又没有见过人类，那么，狮子只能想象它们与人类遭遇时，人是如何与之肉搏的。就像某些科幻大片所表现的那样，片中人类想象的外星生命来到地球，拿着差不多的武器与地球人进行战争。

从生物学的角度来看，人类学会了用火，这即是与其他生物的本质区别。火是自然界的重要能源，人类使用的火要复杂得多，不仅要保留火种，还要知道怎样取火，如钻木取火、利用阳燧取火等。历史上曾经的取火能手祝融，还被封为了火神。可见，即使对于高智商的人类，取火也不是一件容易的事情。除了人以外，所有动物都对火有着本能的畏惧，它们无法想象如何能控制火，一定认为，会控制火的物种有超能力。也许人类祖先刚刚学会用火的时候，心目中的文明等级划分就是根据火的使用规模。假设他们有1.5版本的能力划分标准：

Ⅰ型能力，灯草级能力，可以点燃并控制一根灯草。

Ⅱ型能力，火把级能力，可以点燃并控制一个火把。

Ⅲ型能力，篝火级能力，可以点燃并控制一堆篝火。

也许不同的文明等级划分标准代表着不同的维度的意识水平，低维度的意识无法想象高维度文明的存在，也无法预测高维度文明的未来。今天人们想象的高维度的文明，就像上古人类想象中的神，只是丰富想象力的产物，并没有多少合理的依据。

（二）以进化程度划分

尽管人类文明的进化相比于其他所有动物，有着更高维度的优势，但人类毕竟还是生物的人，仍然没有摆脱被基因控制的宿命。

人们常说，生老病死是自然规律。对于规律，人们只能发现，只能遵从，却无法改变。万有引力是自然规律，它把人禁锢在地球上，人类利用火箭克服万有引力的束缚飞向太空，这是人类不遵守自然规律的叛逆行为吗？有人会说，人类离开地球利用的是火箭的反作用力，作用力与反作用力也是自然规律，所以人类利用火箭离开地球并没有违反自然规律。那么如果人类找到了生命的规律，掌握了控制生命的方法，改变了生老病死的规律，是不是也没有违反自然规律？改变生命生老病死的现有规律，是不是自然规律赋予高等智慧的特权呢？

眼前的自然规律未必是永恒的规律，放之四海而皆准的真理，在四海之外可能不一定就是真理。科学的终极目标并不是科学理论本身，而是在现有理论的基础上发现更新的理论，通过新的发现，不断突破现有理论的约束而不断向前发展，并不是被现有理论禁锢而止步不前。科学理论不应该成为科学的禁锢，科学应该成为人类进步的工具，为人类服务，人类不应该成为科学的奴隶。这也许就是爱因斯坦所说的"想象力比知识更重要"的含义吧。人类的好奇与冒险，人类的想象力，可能都是克服眼前束缚、寻找更高等级自然规律的表现。如果实现了基因的改造、生命的控制，实现了永生，人类也就实现了生命的升华，也就从一个低等级文明上升到更高等级的文明了吧。

五、进化的尽头

　　人类已经完成启蒙了吗？我们现在已经觉醒了吗？人类的前途在哪儿？人类看清自己要走的道路了吗？人类有明晰的发展方向和进化目标了吗？"我们向何处去"，这个问题人类想明白了吗？

　　如果尼安德特人有清醒的意识，他们会预测到自身进化的尽头会止步于3万年前吗？他们会意识到他们的历史会在3万年前戛然而止吗？今天我们可能会认为，尽管尼安德特人拥有与现代人几乎一样的身体和大脑，但他们没有进化出觉醒的意识，因此他们与现代人仍然不在一个维度上。人们常用不同维度来表示事物之间的本质差别，包括时空维度，能力维度，文明维度等。动物与植物不在一个维度上，动物很大程度上可主宰植物。人与动物不在一个维度上，人可以很大程度上主宰动物，动物却不能理解人的思想和行为。神与人不在一个维度上，神的能力是人无法想象的。尽管神是人们幻化出来的产物，是一种心理寄托与想象，不同的族群有不同的神，但人们对神的定义却是相似的：神具有凡人无法企及的能力。

　　神可以创造生命，却无法改变人的意志。上帝创造了亚当和夏娃，亚当和夏娃偷吃禁果后，就获得了智慧，产生了羞耻意识，神很生气，对此却无能为力，只能将亚当和夏娃逐出伊甸园。如果神真是万能的，那又何必人人赎罪？直接将完美的灵魂注入肉体，岂不是天下太平、人人幸福？东方的神据传是法力无边的，神可以将死去的生命重新复活，即起死回生；神可以为无法回到腐坏肉体的灵魂找到新的肉体重新安顿，即借尸还魂；神也可以将没有着落的灵魂安置于新生婴儿，让灵魂重获新生，助其轮回转世。但是东方的神只能转移灵魂，并不能改变灵魂，因此也不是法力无边的。不过西方的神与东方的神也有共同的特点，那就是神都是不死的，神都是永生的。

3万年前的尼安德特人和现代人的祖先看今天的人,一定认为今天的人就是神。在他们看来,今天的人可以用枪炮隔山打牛,可以乘坐飞机腾云驾雾,可以乘坐潜艇潜入深海,可以乘坐地铁遁地潜行,可以用影视制造幻境,有千里眼、顺风耳……人类今天的一切对于他们来说,都是神一样的存在,今天人类的寿命对于他们来说也是神一样的寿命。如果他们有了朦胧的意识,一定会将现代人看作神。在他们看来,现代人就是万能的。但作为现代人的我们却很清楚,尽管我们比他们强大许多,但我们并不是万能的,也不是法力无边的。

也许万能和法力无边仅仅是一种夸张,表示无法想象的能力和法力。

既然神并不是万能的,那么我们是不是也可以认为,人类并不需要进化到万能,只要进化到可以创造生命,或者可以转移灵魂,或者可以永生,就达到了神的境界,拥有了神的资格,可以算作神了呢?按照这样的逻辑,人类进化成神的可能性的确是存在的,人类正在为此不懈努力。科学的尽头不是神学,人类的尽头则可能进化成"神"。

根据科学家的研究结论,"人类个体的基因差异是微乎其微的,平均来说大约只有0.1%,而有关研究在对比了黑猩猩和人类相同的基因组之后,认为二者的差异约为1.2%。"(《国家地理人类进化史:智人的天性》,〔美〕理查德·波茨 等著)人与类人猿的基因有98.8%是相同的,差异只有约1.2%。从外观、行为能力和智力水平看,人与类人黑猩猩的差异绝对不止1.2%,是颠覆性的。人类与黑猩猩1.2%的基因差异,导致了人与黑猩猩差之千里的差异。人与黑猩猩的差异,是不同维度的,是本质的。人进化成神就像将黑猩猩进化成人一样,并不需要对基因进行100%的改造,也许只要改造1.2%就可以实现。

从基因与生命的关系可以看出,生命只是基因的载体。其他生命没有足够智慧,不知道自己为什么而活着,都乐此不疲地为基因而奋斗。随着智慧的觉醒,人类逐渐从生命的蒙昧状态走向觉醒状态。人类的许多活动目标已经不仅仅是生存与繁衍,而是超越生存与繁衍的文明活动。人类文明活动已经超越了为基因服务的范畴,虽然很多人并没有明确的认识,但文明的倾向性却是显而易见的。文明就是生命的启蒙与觉醒,就是自主掌握生命的开始。当我们能够创造文明的时候,我们就从动物进化成了人。摆脱基因束缚的生命解放,人类将从低维度文明向高维度文明进发。